FACULTÉ DE DROIT DE TOULOUSE

DE

LA TRADITION

EN DROIT ROMAIN

DE LA PUBLICITÉ

DES

TRANSMISSIONS CONVENTIONNELLES

À TITRE ONÉREUX

DU DROIT DE PROPRIÉTÉ IMMOBILIÈRE

Dans le Droit français ancien et moderne

THÈSE POUR LE DOCTORAT

Soutenue

Par M. François de RAYMOND

TOULOUSE

IMPRIMERIE F. MARDIEU

1882

FACULTÉ DE DROIT DE TOULOUSE

DE
LA TRADITION

EN DROIT ROMAIN

DE LA PUBLICITÉ

DES

TRANSMISSIONS CONVENTIONNELLES

A TITRE ONÉREUX

DU DROIT DE PROPRIÉTÉ IMMOBILIÈRE

Dans le Droit français, ancien et moderne.

THÈSE POUR LE DOCTORAT

SOUTENUE

Par M. François de RAYMOND

AVOCAT

TOULOUSE

IMPRIMERIE F. TARDIEU

1, Rue du May, 1

—

1882

FACULTÉ DE DROIT DE TOULOUSE

MM.

BONFILS ✳, doyen, professeur de Procédure civile.

MOLINIER O ✳, Professeur de Droit constitutionnel.

BRESSOLLES (G.) ✳, Professeur de Droit civil.

MASSOL ✳, Professeur de Droit romain.

GINOULHIAC, Professeur de Droit français, étudié dans ses origines féodales et coutumières.

HUC, Professeur de Droit civil.

POUBELLE ✳, Professeur de Droit civil, en congé.

ARNAULT, Professeur d'Economie politique.

DELOUME, Professeur de Droit romain.

PAGET, agrégé, chargé du cours d'histoire générale de Droit.

CAMPISTRON, agrégé, suppléant de M. Poubelle.

BRESSOLLES (Joseph), agrégé, chargé du cours de Droit romain.

VIDAL, agrégé, chargé d'un cours de Droit criminel.

WALLON, agrégé, chargé du cours de Droit administratif.

DUFOUR ✳, doyen honoraire.

HUMBERT ✳, sénateur, professeur honoraire.

MOUSSU, secrétaire agent comptable.

Président de la Thèse : M. DELOUME

Suffragants : MM. MOLINIER
GINOULHIAC.
PAGET
JOSEPH BRESSOLLES.

La Faculté n'entend ni approuver ni désapprouver les opinions particulières du candidat.

MEIS ET AMICIS

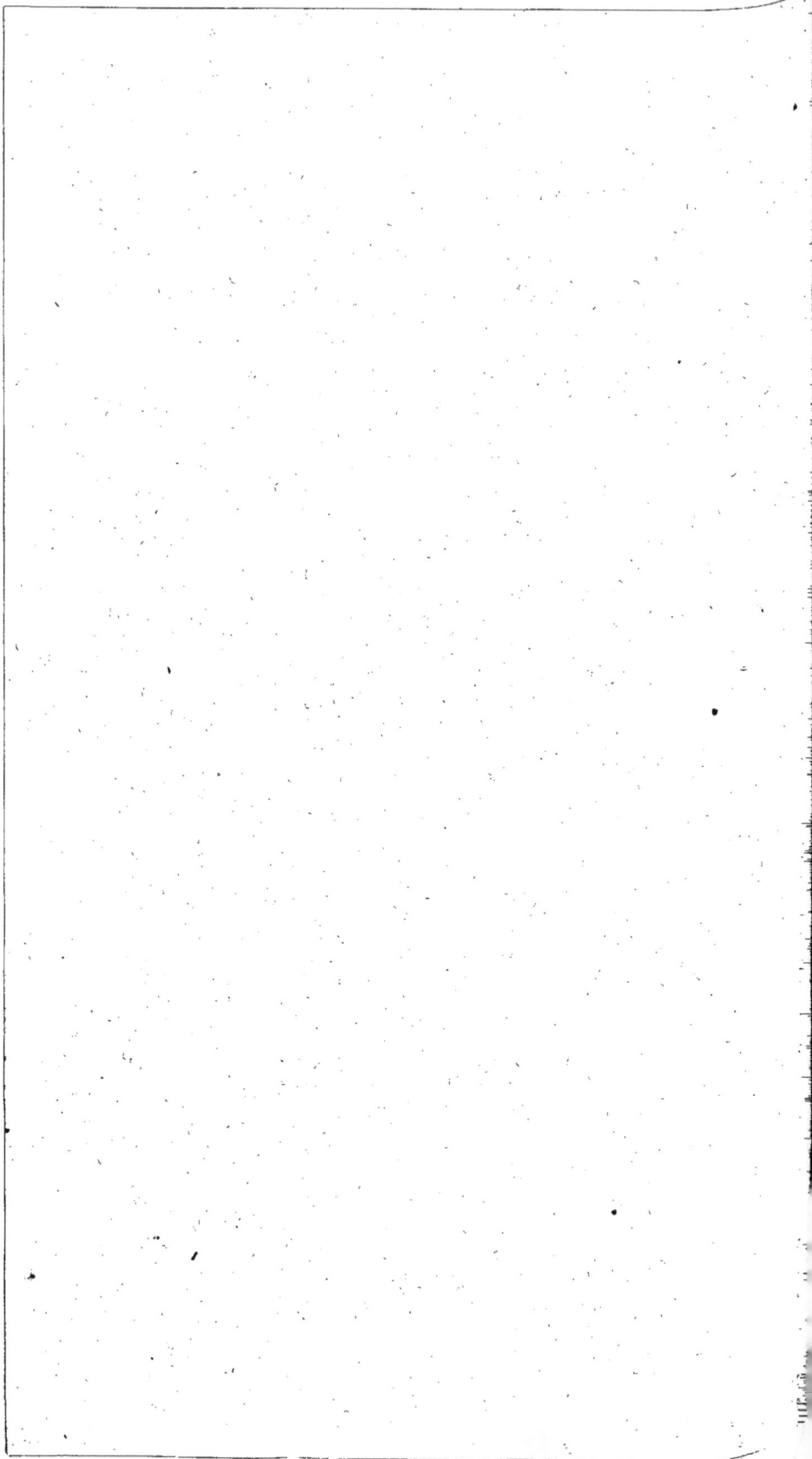

DE LA TRADITION

EN DROIT ROMAIN

INTRODUCTION

L'histoire des peuples présente diverses trans-
formations dans le régime de la propriété foncière.
Elle ne s'est pas manifestée à l'origine telle qu'elle
est aujourd'hui, et elle a dû parcourir plusieurs
phases, dont la première est l'état patriarcal.

Les hommes ont des troupeaux que la terre
nourrit et changent de pays quand celui où ils
sont établis est épuisé. C'est l'état que nous montre la Genèse.

Mais ils abandonnent bientôt cette vie nomade
pour se fixer au sol et se livrer à l'agriculture, et
alors apparaît la propriété collective qui devient
plus tard individuelle.

A partir de ce moment, chaque membre de la
tribu, de la cité, peut se dire propriétaire exclusif
et absolu de tel objet, le soumettre, à ce titre, à
des actes de disposition impraticables dans le
régime de la collectivité.

Cette transformation, accusant un progrès marqué dans la civilisation des peuples, s'est-elle produite dans le Droit romain?

Nous n'hésitons pas à répondre affirmativement, invoquant à l'appui de notre opinion les anciens, tels que : Cicéron (1), Varron (2), Tite-Live (3).

A l'origine, toute propriété foncière provenait, à Rome, de la conquête.

La lance, c'est-à-dire la force guerrière, était pour les Quirites le moyen par excellence d'acquérir la propriété, et quand elle eut disparu comme moyen brutal, nous la voyons rester comme symbole.

Mais la conquête avait été consommée par le peuple entier; les compagnons de Romulus avaient tous contribué à la formation et à l'agrandissement du territoire de Rome, et chacun d'eux n'avait pas été investi immédiatement d'une part de ce territoire.

Ce champ public devint dès lors la propriété nationale, souveraine, et chacun le posséda comme faisant partie du peuple et non comme individu.

La propriété quiritaire nous apparaît donc d'abord sous la forme d'une communauté publique; l'indivision est le droit commun et les biens sont

(1) Cicéron, *de Re Public*, XI, § 14.
(2) *De Ling. lat.*, v. 55.
(3) Tite-Live, I, §§ 19, 21.

mmobilisés, car il ne peut être question, sous un pareil régime, d'aliénation, chacun ayant des droits égaux sur tous les éléments du territoire.

Mais un pareil état étant nuisible à l'exploitation, à l'amélioration des biens que l'on cultive avec beaucoup plus de soin quand ils vous appartiennent, on ne doit pas s'étonner de le voir disparaître bientôt pour céder la place au régime de la propriété individuelle. Romulus fit, il est vrai, un premier partage du territoire de Rome entre les trois tribus formant le peuple romain, et chacune d'elles, à son tour, divisa son lot entre les dix curies qui la composaient (1); mais nous nous trouvons toujours en présence de communautés seulement plus restreintes et il faut arriver à Numa pour voir organiser la propriété individuelle.

Ce fut lui qui divisa entre tous les citoyens le territoire conquis par son prédécesseur et marqua des limites à la part de chacun.

La propriété individuelle eut donc son origine dans le pouvoir souverain dont elle n'était qu'une émanation solennelle, qu'une délégation. L'Etat consentit à se dessaisir en faveur des particuliers. Ainsi s'explique le droit de confiscation qui lui appartenait.

Voilà pourquoi encore tant de conditions et de solennités étaient exigées pour la validité des transmissions, et l'intervention, active d'abord,

(1) Denys d'Halicarnasse, II, 7.

fictive ensuite de la puissance publique était nécessaire dans toutes les mutations.

La propriété individuelle ayant succédé à la propriété collective, apparut le *dominium*, et nous allons rapidement examiner les modes de l'acquérir et de le transmettre dans les périodes successives du Droit romain.

Le premier mode nous apparaît sous une forme civile remarquable, jouant un rôle très actif dans les relations privées, nommé d'abord *nexum*, *mancipium*, plus tard *mancipatio*.

Cette solennité *per æs et libram*, qui était la forme principale fonctionnant pour l'établissement, la modification ou l'extinction des droits, fut suivie d'autres moyens civils que nous citerons simplement, leur étude détaillée ne rentrant pas dans le cadre de notre sujet. L'*usus*, la *cessio in jure*, l'*adjudicatio* et la *lex*. tels étaient les évènements qui conféraient le droit de propriété dit : *dominium ex jure quiritium*.

Le caractère général de ces moyens d'acquérir comporte une certaine publicité, l'intervention formelle ou tacite du pouvoir souverain et des signes certains et extérieurs d'aliénation. Gaïus, dans ses Commentaires, nous dit que la Loi des Douze Tables ne connaissait que cette sorte de propriété, et quiconque ne l'avait pas était censé n'en avoir aucune. (G. 2, § 40.)

... Quo jure etiam populus romanus olim ute-
batur : aut enim ex jure quiritium unus quisque
dominus erat, aut non intelligebatur dominus.

Ce texte suffit, à lui seul, à réfuter un système
soutenu par Vico dans sa *Scienza nuova*, et
Niebuhr dans son *Histoire romaine*, d'après
lequel la division de la propriété en quiritaire et
bonitaire aurait existé de tout temps à Rome (1).

Il est incontestable que, parmi les modes d'acquérir le domaine romain à l'époque de la Loi des
Douze Tables, il y en avait du Droit des gens qui
étaient : l'occupation et la tradition. La preuve
en est dans le § 41, liv. II, tit. I., Inst.

Le premier était, comme nous le savons, le
moyen d'acquérir la propriété du butin pris sur
l'ennemi.

Le second doit nous arrêter plus longtemps, car
il forme le sujet spécial de notre thèse.

La tradition, dans les premiers siècles, trans-
férait-elle la propriété ou simplement la possession ?

Telle est la première question que nous ayons à
examiner.

Nous n'hésitons pas à admettre le second système avec Blondeau (2) et Balhor-Rosen.

« Le commerce à Rome, dit Blondeau, devait

(1) Voyez l'exposé et la réfutation de cette opinion dans
l'ouvrage de M. Charles Giraud, *Histoire du droit de propriété*
chez les Romains, p. 231.

(2) Chrestomathie, p. 207, note.

» se réduire à bien peu de choses, car on fabri-
» quait, dans chaque famille, les ustensiles néces-
» saires. De plus, presque tous les actes de la
» vie civile étaient entourés de formes solen-
» nelles, de paroles consacrées (*legis actiones,*
» *ritus nuptiarum, emancipatio*, *verba solemnia*
» *institutionum et stipulationum, testamenta ca-*
» *latis comitiis, per æs et libram, etc.*)

» Comment le transfert de propriété, qui est un
» acte aussi important que tous ceux-là, aurait-il
» pu se produire sans les solennités destinées à
» suppléer à ce que la preuve testimoniale avait
» d'imparfait ?

» D'ailleurs, le Droit romain ne s'était pas
» encore assez dégagé de son enveloppe gros-
» sière pour connaître la tradition dont l'exécution
» si simple, si élémentaire, n'était entremêlée
» d'aucune pantomime. »

Mais lorsque, sous l'influence d'une civilisation
toujours croissante, les actes de commerce entre
Romains furent devenus plus fréquents, lorsque
les transactions entre ceux-ci et les étrangers se
furent multipliées, alors se fit sentir le besoin de
simplifier la législation relative au transfert de
propriété et de la rendre plus conforme aux intérêts économiques du temps. Les modes d'aliénation du Droit civil étaient, en effet, refusés aux
étrangers n'ayant pas le *jus commercii* et exi-
geaient, entre citoyens, de nombreuses formalités
qui entravaient la libre circulation des biens. Une

réforme était donc nécessaire et on peut la faire remonter à Servius Tullius qui introduisit la distinction des *res mancipi* et des *res nec mancipi*. — Nous venons de trancher une question qui a donné lieu à de nombreuses controverses. Ceux qui voudraient connaître les différents systèmes imaginés pour rechercher l'origine de cette distinction, en trouveront la liste dans la Chrestomathie de Blondeau (1). Nous nous contenterons d'exposer le nôtre, d'après lequel Servius Tullius aurait restreint la mancipation aux choses les plus précieuses (G. 1, § 192) dont on ne se dépouille pas tous les jours, d'une aliénation peu fréquente et qui formèrent la classe des *res mancipi*. Leur nombre fut limitativement fixé et comprit : les fonds ruraux en Italie et dans les provinces ayant le *jus italicum*, les servitudes prédiales, *velut via, iter, actus, aquæductus*, les esclaves, les bêtes de somme *quæ dorso collove domantur*. La classe des *res nec mancipi* comprit les choses moins importantes destinées à une plus grande circulation, les choses d'un usage plus journalier. Leur aliénation devait être plus simple que celle des *res mancipi*. Servius détacha de l'acte complexe de la mancipation la tradition ou remise de la chose qui était destinée à exécuter matériellement la volonté des parties et lui accorda la vertu translative pour cette classe de choses.

(1) Chrestomathie, p. 195, note 1.

Nous sommes donc arrivé à une époque où la tradition, qui primitivement ne transférait que la possession, produit un effet beaucoup plus important : le transfert de propriété des *res nec mancipi*.

Appliquée aux *res mancipi*, la tradition ne conférait aucun droit actuel, car il n'y avait pas de milieu entre être propriétaire selon le droit des citoyens et ne l'être pas du tout. Le seul effet possible était de permettre à *l'accipiens*, de confirmer son titre par l'usucapion; mais dans le temps intermédiaire entre la prise de possession et l'usucapion accomplie, il restait soumis à la revendication du *tradens* qui avait conservé le *nudum jus quiritium*. Cette rigoureuse application des principes parut excessive lorsqu'on reconnut toute l'importance qu'il fallait attribuer à l'intention et à la volonté des parties, et le préteur, fidèle à son rôle, vint au secours de celui qui avait reçu une *res mancipi* sans les formalités de la mancipation, non pas en renversant le principe, mais en tâchant d'accorder le maintien du vieux droit quiritaire avec les exigences de l'équité.

Il lui accorda d'abord une exception de dol basée sur ce que le *tradens* commmettait un dol en venant réclamer une chose dont il avait voulu se dessaisir au profit de *l'accipiens*, et dont il prétendait avoir conservé la propriété par suite de l'omission de formalités, omission faite à dessein peut-être.

Mais cette exception de dol ne pouvait pas être opposée à tout le monde. Ainsi, lorsque le *tradens* était, soit par sa position sociale, soit par son honorabilité, au-dessus de la personne qui l'inculpait de fraude, ou avait la qualité de patron ou d'ascendant, l'*accipiens* se trouvait exposé à la revendication, sans qu'aucun moyen lui soit offert pour y échapper. Le préteur lui accorda alors l'*exceptio rei venditæ (vel donatæ) et traditæ*.

Ces armes défensives protégeaient bien l'*accipiens* qui était nanti de la possession, mais le laissaient à découvert et dans l'impossibilité de la recouvrer s'il venait à la perdre; aussi, réalisant un nouveau progrès, le préteur lui accorda d'abord les interdits possessoires, innovation qui fut suivie bientôt d'une seconde : la création de la Publicienne, action fictive par laquelle on suppose accomplie une usucapion seulement commencée au profit de celui qui possède.

Le préteur avait donc ainsi créé par degrés insensibles, à côté de la propriété du droit civil, une propriété particulière à laquelle les Romains ne donnèrent pas un nom spécial à cause de leur répugnance habituelle pour les néologismes, mais qu'ils désignèrent en exprimant le fait « *in bonis habere* » la chose est dans les biens.

Cette propriété, une des plus belles conquêtes du préteur sur le vieux formalisme, date de l'époque classique. Elle va fonctionner à côté de la propriété du droit civil, et la coexistence de ces deux propriétés rivales au sein de la même législation, se justifie par le religieux attachement des Romains pour leurs vieilles institutions. Seulement, l'une est purement nominale, tandis que l'autre est effective et procure au titulaire tous ses avantages matériels et pécuniaires. Il a les droits élémentaires dont la réunion forme le droit complexe de propriété ; il peut user de la chose, en percevoir les fruits et les revenus et en disposer par tradition, car, n'étant pas propriétaire *ex jure quiritium*, il ne peut aliéner *modis civilibus* et transmettre plus de droit qu'il n'en a lui-même.

Son droit est garanti par une exception, des interdits et l'action publicienne. Enfin, au bout d'un certain temps, sa propriété prétorienne est transformée en propriété quiritaire.

Ces droits de disposer de la chose et de la revendiquer qui appartiennent, selon *le droit strict*, à celui qui en a le domaine romain, sont entre ses mains à l'état de vaine formule, dénués de toute efficacité, paralysés par des exceptions et présentant quelque utilité seulement quand ils sont exercés par un tiers possesseur qui n'était ni le titulaire de l'*in bonis habere*, ni son ayant-cause.

Signalons en passant une infériorité de la propriété prétorienne sur le domaine romain. Le propriétaire quiritaire d'un esclave peut le rendre citoyen romain en l'affranchissant et conserve sur lui la tutelle. Le bonitaire, au contraire, ne peut en faire qu'un affranchi Latin-Junien, pourvu

encore qu'il satisfasse aux conditions de la loi
Œlia Sentia (G. I, §§ 13, 15, 16, 17) et la tutelle
appartient au *dominus ex jure quiritium* (G. 1,
§ 167. — Ulp. XI, § 19).

Des considérations précédentes, il semble résulter que l'*in bonis habere* existe à côté du *nudum jus quiritium* pour les Romains seuls, forme
pour eux une propriété nationale secondaire et
n'est pas accessible aux pérégrins (nous voulons
parler, bien entendu, de ceux qui n'avaient pas le
jus commercii). Cependant, cette proposition a été
contestée et la plupart des interprètes, refusant
aux pérégrins l'aptitude à être investis du droit
de propriété romaine, *dominium ex jure quiritium*,
n'admettent à leur profit qu'une propriété du
droit des gens qu'ils confondent avec l'*in bonis*.

L'*in bonis habere*, d'après eux, a été une combi-
naison imaginée pour abaisser les barrières que la
Loi des Douze Tables avait élevées en haine de
l'étranger repoussé alors de la propriété romaine.

Ils invoquent en outre le témoignage de Théo-
phile qui, dans sa paraphrase des Institutes de
Justinien, qualifie l'*in bonis* de *propriété naturelle*.

Mais ces expressions doivent être sainement
entendues, car elles signifient seulement que l'*in
bonis* est une propriété conforme à la loi naturelle, à l'équité, mais non au Droit des gens.

D'ailleurs, les textes et les arguments abondent
pour condamner une pareille doctrine.

Ulpien (*Reg.* 1, 16) exige chez l'aliénateur et chez l'acquéreur la qualité de citoyen romain pour que l'*in bonis* existe ; c'est dire que les pérégrins n'y ont pas accès.

En outre, aurait-il été logique de les investir d'un droit de propriété dont ils n'auraient pu exercer la principale garantie : l'action publicienne fondée sur l'usucapion supposée accomplie et leur étant interdite à ce titre ?

Peut-il exister des doutes sur ce point en présence du § 47 des Fragments du Vatican ?

Après nous avoir dit que le propriétaire d'une chose *mancipi* ne peut pas en conférer l'usufruit par la mancipation, mais seulement le déduire ou le retenir en en transférant à un autre la propriété, Paul ajoute que cette réserve n'est pas possible dans la tradition d'une chose *nec mancipi* comme s'il s'agit de la tradition d'un esclave à un pérégrin, *nec in homine si peregrino tradatur*. Il assimile la tradition d'un esclave (*res mancipi*) faite à un pérégrin à la tradition d'une chose *nec mancipi* faite à un citoyen romain. Or, celui-ci acquérant la propriété pleine et entière de la chose, il doit en être de même du pérégrin, et nous considèrerons comme non avenue à son égard la distinction du *dominium* et de l'*in bonis*.

Enfin le § 40 de Gaïus, cité plus haut, nous confirme dans cette idée : « *Apud peregrinos*, dit-il, *quidem unum est dominium ita ut quisque dominus sit aut dominus non intelligatur.* » Le pérégrin qui fait tradition d'une *res mancipi* aliène tous ses droits et ne peut retenir un *nudum jus quiritium* qu'il n'a pas.

Concluons donc que l'*in bonis* n'était pas une propriété du droit des gens, à laquelle les pérégrins avaient accès. Mais pouvaient-ils acquérir le *dominium ex jure quiritium?*

M. Humbert (1), professeur à la Faculté de Toulouse, admet l'affirmative, et leur accorde même l'action en revendication.

Avec la plupart des interprètes, nous n'admettrons pas son opinion.

Céux des pérégrins qui n'avaient pas le *jus commercii*, étaient incapables d'acquérir la propriété romaine et d'invoquer la protection de la *rei vindicatio*. Leur propriété devait être envisagée d'une manière spéciale et moins protégée que le *dominium* du citoyen romain. Après l'Ordonnance de Caracalla, qui accorda le droit de cité à tous les sujets de l'empire, il est incontestable que le *dominium ex jure quiritium* fut accessible à tout le monde.

Il résulte des notions par nous exposées, que la nature de la chose ou du fonds faisant l'objet du transfert de propriété, influait sur le mode de les transmettre et sur le genre de domaine dont était investi l'acquéreur.

Justinien voulant ramener l'uniformité, abolit

_____

(1) Voir son Mémoire sur la *Condition des Pérégrins chez les Romains,* dans le Recueil de l'Académie de législation de Toulouse, 1870, tom. XIX.

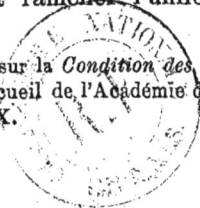

toute distinction entre les choses *mancipi* et *nec mancipi*, entre la propriété *ex jure quiritium* et *l'in bonis*, entre les fonds italiques et les fonds provinciaux.

Désormais, il n'y eut plus qu'une seule sorte de propriété, comme aux temps antiques. Chacun fut propriétaire en entier des objets qu'il avait légitimement acquis.

En réalité, Justinien ne fit que consacrer une pratique universelle qui ne reconnaissait pas depuis longtemps le *dominium ex jure quiritium*, cet *antiquæ subtilitatis ludibrium*, resté seulement comme une énigme servant d'épouvantail dans l'étude des lois. — (C., Const. I, VII, 25.)

La tradition remplaça dès lors la *mancipatio*, *l'in jure cessio* et devint un mode universel de transmission de toutes choses corporelles susceptibles d'appartenir aux particuliers.

Après ce court aperçu sur le régime de la propriété aux différentes époques du Droit romain, entrons au cœur de notre sujet et étudions la tradition proprement dite.

PREMIÈRE PARTIE

DE LA TRADITION EN GÉNÉRAL

SES ÉLÉMENTS CONSTITUTIFS

Envisagée indépendamment des conditions moyennant lesquelles elle devient un *modus acquirendi*, la tradition peut être définie : la translation volontaire de la possession d'une chose faite par une personne à une autre. C'est un fait matériel pouvant produire, comme nous le verrons, des effets juridiques qui varieront avec l'intention des parties.

La possession étant, d'après cette définition, la base de la tradition, nous croyons utile d'en donner les notions principales dont la connaissance est du reste indispensable pour une bonne et complète interprétation du sujet.

La possession se définit : l'exercice d'un pouvoir *physique*, *conscient* et *raisonné* sur une chose corporelle.

Toute possession suppose donc la mise en œuvre de nos facultés physiques, mais ce pouvoir physique doit être conscient et raisonné, se rendre compte des effets de l'acte qu'il accomplit ; ainsi une machine qui tient un objet dans ses engrenages, un animal privé de raison ne possèdent pas. L'homme seul, arrivé à l'âge de raison, peut posséder.

Enfin la possession ne peut s'appliquer qu'aux choses corporelles. Nous renvoyons l'examen de cette condition à la partie dans laquelle nous traiterons de la *Quasi-Tradition*.

Dans la définition de la possession telle que nous l'avons donnée et expliquée, se rencontrent ses deux éléments essentiels : le *corpus* et *l'animus*. L'élément matériel ou *corpus* est le fait de détenir la chose, de pouvoir en disposer. Il est probable qu'à l'origine on exigea pour sa réalisation le contact direct et immédiat de la chose, mais on ne tarda pas à se départir de ce formalisme rigoureux, et on put prendre possession non seulement *corpore et actu, sed etiam oculis et affectu*. (Fr. 1 § 21, 41, 2 D.)

Le *corpus* consista donc dans la possibilité de disposer de la chose.

L'élément intellectuel ou *animus domini* est l'intention de traiter la chose comme sienne. Il ne doit pas être confondu avec la *bona fides* ou croyance que l'on a d'être propriétaire. Cette différence apparaît clairement chez le voleur qui a essentiellement l'*animus domini*, la volonté de posséder pour soi, mais sait bien qu'il n'est pas propriétaire.

La coexistence de ces deux éléments, soit qu'elle se soit rencontrée dès le début, soit que l'un des deux ait précédé l'autre, est indispensable pour former la possession proprement dite. *L'animus* seul, ne se manifestant par aucun signe extérieur, ne peut faire l'objet de dispositions législatives.

Quant au *corpus* seul, il se rencontre chez certaines personnes, comme les fous, les *infantes* incapables d'avoir une volonté, et ceux qui ont la possession en vertu d'un titre exclusif de toute prétention à la propriété de la chose, et reconnaissant le droit d'un tiers (dépositaires, commodataires, locataires). On les désigne sous le nom de *nudi detentores*, n'ayant qu'une possession de fait : « *non tenent, sunt tantum in possessione* ». (Fr. 10 § 1, 41, 2 D.)

La *nuda detentio*, sans produire des conséquences juridiques, permet cependant à ceux qui en sont nantis de repousser par la force toute tentative de dépossession par la violence, et s'ils sont troublés ou dépossédés, comme ils ne peuvent pas exercer eux-mêmes les interdits ou une action juridique pour se garantir ou se faire réintégrer, de s'adresser au propriétaire qui est tenu d'exercer l'interdit

2

ou l'action en son nom propre (Fr. 20, 43, 16 D)
ou de les leur céder, sous peine de dommages-in-
térêts. (Fr. 1 § 1, 43, 18 D.)

Ceux qui ont à la fois le *corpus* et l'*animus* sont
investis de la possession juridique garantie par les
interdits prétoriens. Cette possession est mieux
traitée que la *nuda detentio*. Le possesseur qui la
perd peut la recouvrer sans avoir besoin de s'a-
dresser au véritable propriétaire; il se suffit à
lui-même par la faculté qu'il a d'exercer les interdits possessoires.

Lorsqu'au *corpus* et à l'*animus sibi habendi*
viennent se joindre la bonne foi et la *justa causa*,
la possession juridique conduit à l'usucapion.

De toutes ces notions, des interprètes modernes en ont dégagé trois degrés de possession :
1° la simple détention; 2° la possession *utilis ad
interdicta*; 3° la possession *civilis ad usucapionem*.
La tradition étant la remise de la possession, elle
doit pouvoir engendrer, d'après l'intention des
parties, selon les circonstances, l'une ou l'autre de
ces trois possessions.

Tantôt elle transfère à un tiers la détention
matérielle d'une chose, comme dans le cas de dépôt, de commodat... etc., et est dite : *nuda
traditio*.

Tantôt elle transfère la possession *ad interdicta*,
d'autres fois la possession *ad usucapionem*, et
enfin la propriété, moyennant certaines conditions

que nous examinerons dans la deuxième partie de la thèse.

A cause de cette relation intime existant éntre *possession* et *tradition*, on doit rencontrer dans cette dernière, pour qu'il y ait transmission de la possession, les éléments constitutifs de la première : l'*animus* et le *corpus*. Nous savons en quoi consiste l'*animus*. Quant au *corpus*, qui est le fait matériel de la tradition, il consiste dans la mise de la chose à la disposition de l'*accipiens*.

Ce principe qui, comme nous le croyons, accuse un progrès de la civilisation romaine, résulte non seulement du texte cité plus haut (Fr. 1 § 21, 41, 2. D) mais encore du Fragment 18 § 2, h, t., aux termes duquel le dépôt des objets vendus dans la maison de l'acheteur, et le fait par le vendeur d'un fonds de déclarer, en le montrant du haut d'une tour, qu'il lui en livre la *possessio vacua,* suffisent pour opérer tradition. La même idée a dicté les solutions des Fragments 51, 41, 2; 79, 46, 3 D. et les dispositions des §§ 44 et 45, liv. II, tit. I, Inst.

Le § 44 s'exprime ainsi : *Interdum etiam sine traditione nuda voluntas domini sufficit ad rem transferandam, veluti si quis... etc.*

« Il suppose qu'après vous avoir remis une chose en commodat, à bail ou en dépôt, je vous la vende ou vous la donne. Bien qu'en exécution de cette vente ou de cette donation, je ne vous l'aie point livrée, par cela seul que je consens à ce qu'elle devienne vôtre, la propriété vous est acquise à l'instant, comme si la tradition avait eu lieu dans ce but. » Certains interprètes expliquent ce résultat par l'idée d'une tradition feinte. D'après eux, au moment de la vente ou de la donation, le commodataire, dépositaire ou locataire serait censé me rendre la chose que je serais censé lui relivrer.

Mais pourquoi avoir recours à l'idée si subtile d'une *traditio ficta* pour justifier un pareil transfert de propriété, alors que nous nous trouvons en présence d'une véritable tradition ?

Le *corpus* existait déjà, avait été réalisé sur la tête de *l'accipiens* qui détenait la chose comme locataire, dépositaire ou commodataire. Au moment où, par la vente ou la donation, je me suis dépouillé de *l'animus* en sa faveur, les deux éléments composant la possession juridique ont existé et il y a eu transmission de la possession, et par suite possibilité de transmettre la propriété.

Il est vrai que le texte dit formellement que la propriété se transfère *sine traditione, nuda voluntate*. Il a raison si on considère seulement l'opération au moment où intervient la volonté du propriétaire ; mais si, au contraire, on la considère dans son ensemble, on y trouve les deux éléments de la tradition : le *corpus* et *l'animus*.

Le § 45 prévoit une hypothèse assez simple. Visant le cas d'une vente de marchandises déposées dans un magasin, il dit que la tradition en est faite à l'acheteur par la livraison des clefs.

Les anciens commentateurs du droit romain, ceux qui exigent chez *l'accipiens* une appréhension matérielle de l'objet, ont vu là une *tradition symbolique*.

D'après eux, les clefs étant le symbole des marchandises, on était censé les livrer en livrant les clefs.

Cette opinion ne peut se soutenir en présence du fragment 74, 18, 1 D, dans lequel Papinien exige formellement, pour la validité de la tradition, la remise des clefs *apud horrea*, auprès des magasins.

Si les clefs étaient réellement le symbole des marchandises, il nous semble que leur livraison dans n'importe quel lieu emporterait tradition de ces dernières.

Si cependant on veut voir dans ce texte une solution sur une hypothèse déterminée, plutôt qu'un principe de droit formel et absolu, nous devrons aller chercher ailleurs la réfutation de cette idée de symbole, et nous la trouverons dans la nature de la tradition considérée comme mode d'acquisition.

Les modes d'acquisition du droit civil, la *mancipatio* et l'*in jure cessio* supposent, l'un une vente fictive en présence de cinq témoins et du *libripens*, l'autre un procès simulé devant le magistrat compétent. Tous deux nécessitent des formes, comportent des symboles en l'absence desquels ils ne produiront aucun effet. Mais les modes d'acquisition du droit des gens, parmi lesquels on compte la tradition, sont affranchis de formalités. Accessibles à tous, ils ne portent l'empreinte d'aucune législation spéciale, et l'idée de symbole leur est complètement étrangère. Or, on doit bien se garder de ranger parmi les actes symboliques consacrés par la loi romaine ceux qui n'y ont jamais été compris.

Nous devons donc voir dans l'opération du § 45 non une tradition symbolique, mais une véritable tradition (1) dont la réalisation du *corpus* consiste dans la remise des clefs, c'est-à-dire dans la possibilité de disposer des marchandises renfermées dans le magasin.

Après ce premier progrès, on en réalisa un second en réputant accomplies une ou plusieurs remises matérielles qui n'avaient pas été réellement faites.

Ulpien nous dit dans le Fragment 15, 12, 1 D que si je vous laisse à titre de prêt l'argent versé sur mon ordre, entre vos mains, par mon débiteur, vous serez obligé envers moi, quoique n'ayant pas reçu directement mes écus. Il n'y a eu qu'une

---

(1) Javolenus (Fr. 79, 46, 3.) la qualifie de *traditio longa manu*. Il ne faut pas donner à cette expression un peu hasardée du jurisconsulte une importance qu'il n'y attachait pas. Du moment que la chose est mise à la complète disposition de l'*accipiens*, il y a une véritable tradition qu'il est inutile de qualifier.

seule remise matérielle, et les choses se passent comme s'il y avait eu d'abord un paiement, puis la livraison de ce même argent à titre de prêt. Il y a donc deux traditions comprises en une seule.

Le même jurisconsulte, dans le Fragment 43 § 1, '23. 3 D, suppose une acceptilation faite à un futur mari par son créancier avec la volonté de faire une donation à la femme, quoi qu'il arrive. Si le mariage n'a pas lieu, la femme aura contre celui qui devait être son mari une *condictio ob rem dati re non secuta*; s'il a lieu, elle sera créancière de son mari à titre de dot. Cette opération complexe se décompose en plusieurs traditions, toutes sous-entendues : la première, du débiteur futur mari à son créancier, à titre de paiement ; la seconde, de celui-ci à la future épouse, à titre de donation , la troisième, de celle-ci au futur mari, à titre de constitution de dot.

Aucune remise matérielle n'est effectuée et cependant on arrive au même résultat que si toutes avaient eu lieu successivement.

Cette tradition abrégée , appelée *traditio brevi manu* par Ulpien, ne fut pas admise de tout temps.

Primitivement, en effet, par application de la règle d'après laquelle nul ne pouvait acquérir un droit de créance par le fait d'une personne qu'on n'avait pas sous sa puissance, les choses données à titre de prêt devaient passer directement du patrimoine du prêteur dans celui de l'emprunteur, la tradition devait être faite par le prêteur lui-même, et il n'y aurait pas eu *mutuum* dans l'hypothèse du Fragment 15 et autres semblables. Par le même motif, la femme, dans le Fragment 43, n'aurait pas pu acquérir une action par une opération à laquelle elle n'avait point pris part. Mais la pratique s'écarta peu à peu de cette rigueur de doctrine, lorsque l'on comprit mieux la portée de la règle que nous pouvons acquérir par l'entremise d'une autre personne, la possession, et par la possession, la propriété.

Africain (Fr. 34, pr. 17, 1) en constatant ce progrès, ne voit là qu'une décision exceptionnelle, de pure bienveillance, *id enim benigne receptum est*, dit-il.

Ulpien, au contraire, y voyant une conquête sur l'ancien droit, fait intervenir l'idée d'une tradition *brevi manu* pour concilier la pratique avec les principes.

La tradition *brevi manu* fut donc imaginée pour tourner la prohibition d'acquérir des créances pour autrui.

Ces divers progrès accusent une tendance à se dégager de la nécessité de la tradition pour le transfert de la propriété. A mesure que la civilisation se perfectionne, les idées des jurisconsultes s'élargissent, et, au lieu de ne consulter que des faits matériels, de soumettre la validité de toute transmission de propriété à l'accomplissement de

certaines formalités, ils commencent à tenir
compte de l'intention, de la volonté des parties.

Quant à savoir dans quel ordre se sont réalisés ces progrès, il est bien difficile de donner sur
ce point des indications précises; aussi les avons-
nous envisagés à un point de vue plutôt philosophique qu'historique. Afin d'en compléter l'énumération et d'avoir déjà une vue d'ensemble sur le
développement des idées, nous allons parler de
celui qui nous rapproche le plus de la théorie moderne, mais dont l'étude se rattacherait plutôt à
la théorie de l'acquisition de la possession *per
extraneam personam.*

C'est le cas où un propriétaire, vendant ou donnant sa chose, se constitue possesseur pour le
compte de l'acquéreur.

Cette clause a reçu le nom de constitut possessoire.

Primus vend son fonds à *Secundus*, mais ne le
lui livre pas, voulant en conserver la détention à
titre de fermier par ex : et, au moment de la vente,
il déclare qu'à l'avenir il possèdera pour le compte
de *Secundus*. Quoiqu'il n'y ait pas eu de remise
matérielle, *Secundus* est devenu possesseur ou
propriétaire, résultat assez facile à expliquer.

Nous verrons en effet, plus loin, que la possession peut être acquise *per extraneam personam*;
or, rien ne s'oppose à ce que cette *extranea persona* ne soit le propriétaire de la chose que l'on

veut acquérir. Il réunira seulement sur sa tête la double qualité de *tradens* et d'*accipiens* et détiendra la chose pour le compte de l'acquéreur en la personne duquel aura passé l'*animus*.

C'est ce que constatent plusieurs textes, notamment le Frag. 77, 6, 1 D qui s'exprime ainsi : une femme fait, par lettre, donation d'un fonds à tout autre qu'à son mari (cette précision a son importance par suite de la prohibition des donations entre époux) et prend ce fonds à bail. On peut soutenir, ajoute le texte, que le donataire a une action réelle, comme si la femme lui avait fait tradition.

Nous trouvons encore des cas de constitut possessoire au Code C. 28 et 35, § 5, 8, 54.

On a fait contre la validité du constitut possessoire une assez mauvaise objection tirée de la règle : « *Nemo potest sibi ipse mutare causam possessionis.* » Pour la réfuter, il suffit de faire remarquer avec Celsus Fr. 18, pr. 41, 2, D, que le possesseur, au lieu de changer la cause de sa possession, cesse de posséder ; ce n'est pas posséder, en effet, que de posséder pour autrui ; c'est celui-ci qui possède.

Ici encore, les anciens commentateurs ont eu recours à l'idée d'une tradition feinte pour expliquer les effets du constitut possessoire. D'après eux, le vendeur est censé livrer la chose à l'acheteur qui est censé la lui relivrer.

Nous rejetons cette idée trop subtile et voyons

dans le constitut possessoire une application inté-
ressante de la règle qui permet d'acquérir la possession par autrui.

Cette innovation dont Ulpien parle le premier,
et qui rencontra d'abord d'assez vives résistances,
fut une atteinte portée au vieux principe : *traditionibus et usucapionibus dominia rerum non nudis
pactis transferuntur*. (C. 20, 2, 3, de pact. co de.)

La conséquence du constitut possessoire fut la
transmission occulte de la propriété, système très
préjudiciable aux tiers qui, n'étant pas prévenus
du changement de propriété, continuaient à traiter
avec celui resté en possession, le croyant toujours
propriétaire.

On chercha à y remédier au Bas-Empire pour
les donations, et, l'an 323, Constantin exigea pour
leur validité une tradition solennelle en présence
de témoins, avec constatation par écrit et insinuation *apud acta*. (Frag. vati., § 249.)

Cette sage mesure n'atteignait pas son but lorsque le donateur se réservait l'usufruit de ce qu'il
donnait. Aussi, en 415, Honorius et Théodose exi-
gèrent-ils toujours la tradition des objets donnés,
sauf à se faire céder ensuite l'usufruit, si telle était
l'intention des parties. Malheureusement ces mêmes empereurs ne tardèrent pas à revenir au droit
de Constantin.

Le constitut possessoire, dont les conséquences

étaient si funestes, passa dans notre droit coutumier et a donné naissance à nos art. 938 et
1138 du code civil.

Mais n'empiétons pas sur le domaine du droit
français dont l'étude nous fournira l'occasion de
revenir sur ce point, et arrivons à l'examen de la
tradition translative de propriété.

DEUXIÈME PARTIE

De la tradition considérée comme mode d'aquisition de la propriété.

SES ÉLÉMENTS CONSTITUTIFS

Envisagée à ce point de vue, la tradition forme, avec l'occupation, la classe des modes d'acquérir du droit des gens accessibles aux pérégrins comme aux citoyens romains. Ils ont tous deux pour base commune la possession ; d'où certaines conséquences dont les principales sont : 1° ils ne s'appliquent qu'aux choses corporelles *in commercio* ; 2° ils peuvent transférer la pleine propriété, mais jamais ses démembrements, à cause de leur nature incorporelle ; 3° ils permettent l'acquisition de la propriété *per extraneam personam*.

Hâtons-nous de dire que cette distinction entre les modes d'acquisition de la propriété, très importante à l'époque classique, disparut lorsque tous les habitants de l'empire furent devenus citoyens romains.

Le principe du transfert de la propriété par la tradition est énoncé dans le § 40, liv. 11, tit. 1. Inst.

Rien, dit-il, n'est plus conforme à l'équité et à la raison naturelles que de ratifier la volonté manifestée par le propriétaire de transférer sa chose à une autre personne. Nous ajoutons que ce résultat est encore conforme aux vues économiques à deux points de vue. L'économie politique, en effet, a un double but : faciliter les transactions entre les particuliers et protéger ceux qui peuvent y avoir un intérêt engagé. Or, il n'est pas douteux pour nous que la tradition atteigne ce double but. D'abord, elle facilite les transactions en réalisant l'intention même des parties. Un propriétaire manifeste la volonté de transférer sa chose à une autre personne, et aussitôt il peut mettre à exécution cette volonté par la tradition, sans avoir besoin de recourir aux formalités nombreuses et gênantes des premiers modes d'acquisition dont l'accomplissement était un obstacle continuel aux transactions.

En second lieu, la tradition protège les droits des tiers que le transfert de propriété pourrait léser ou détruire. Ceux-ci ont dans son fait matériel un mode de publicité suffisant pour les mettre en garde contre les surprises dont ils pourraient être victimes dans l'acquisition des droits réels.

La tradition, comme mode d'acquisition de la

propriété, étant ainsi légitimée, demandons-nous quels en sont les éléments essentiels.

Nous devons y rencontrer un élément matériel et un élément intentionnel. La réalisation du premier, c'est-à-dire la remise de la chose, se fait conformément aux règles que nous avons exposées ci-dessus ; aussi nous contentons-nous d'y renvoyer.

Quant au second, il prend le nom de *justa causa* et consiste dans l'intention corrélative chez l'une des parties, de transférer la propriété, et, chez l'autre, de l'acquérir, intention qui aura le plus souvent sa cause dans un *juste titre*.

On entend par là un fait juridique, tantôt emportant obligation d'aliéner, comme le contrat de vente, de stipulation, le legs *per damnationem*, etc., tantôt dépourvu de tout caractère obligatoire, comme la donation, l'échange, auquel cas il doit toute sa force à la tradition elle-même.

Mais l'existence d'un juste titre n'est pas nécessaire au transfert de la propriété. On peut citer en effet des hypothèses où ce transfert a lieu en l'absence de tout fait juridique antérieur ou concomitant à la tradition.

Ainsi, lorsqu'on a fait tradition d'une chose, croyant la devoir en vertu d'un legs, d'une vente qui n'a jamais existé, la propriété est transférée à l'*accipiens*, puisque le *tradens* n'a pour reprendre ce qu'il a indûment payé qu'une action person-

nelle (Fr. 15 § 1, 12, 6 D), la *condictio indebiti*, et cependant il n'y a pas de juste titre.

Il faut donc voir le motif de ce transfert dans
l'accord des deux volontés tendant l'une à aliéner,
l'autre à acquérir.

De même, si nous supposons une tradition intervenue en exécution d'un acte juridique nul
aux yeux de la loi (c'est par exemple un emprunteur qui a promis des intérêts usuraires et qui les
paie), il y aura translation de propriété, puisque
le *tradens* a contre l'*accipiens* une action personnelle, une *condictio* pour reprendre la chose. (Liv.
12, tit. 5 D.) Si la propriété a été transférée, ce
n'est pas en vertu du juste titre qui est nul, mais
bien à la suite de l'intention commune chez les
parties de concourir à une aliénation.

Les arguments sur lesquels nous nous sommes
basé pour démontrer que le transfert de propriété
peut avoir lieu en l'absence de juste titre suffisent
à réfuter l'opinion de ceux qui confondent la *justa
causa* avec le *justus titulus*. Comment, en effet,
dans leur système, expliquer les théories des *con-
dictiones indebiti* et *ob injustam causam?*

Le juste titre ne doit pas être confondu avec le
modus acquirendi qui est le fait qui transfère immédiatement la propriété, comme l'occupation,
la tradition.

Cette distinction n'existe pas en droit français
où juste titre et mode d'acquérir sont synonymes.

Cette différence avec le droit romain provient

du principe français du transfert de la propriété par le seul consentement.

De cette notion de la *justa causa*, résultent plusieurs conséquences :

1° Qu'arrivera-t-il si *Secundus* reçoit à titre de donation, une chose de *Primus* qui a l'intention simplement de la lui remettre en dépôt?

Nous déciderons avec les textes (Fr. 18 § 1, 12, 1), que la tradition n'est pas dans ce cas translative de propriété, faute d'un de ses éléments essentiels : la *justa causa*. L'intention respective de transférer et d'acquérir la propriété fait défaut. *Secundus* croit bien l'acquérir, mais *Primus* n'entend pas la transférer ;

2° Il peut y avoir intention corrélative d'aliéner et d'acquérir, mais désaccord sur le *justus titulus ad acquirendum*. Ainsi le *tradens* croit faire un *mutuum*, et l'*accipiens* recevoir une donation. Y a-t-il transfert de propriété? Nous admettons sans hésitation l'affirmative d'après la notion de la *justa causa* donnée par nous, et si nous avons posé la question, c'est afin d'examiner la célèbre controverse soulevée à ce propos entre Julien et Ulpien.

Julien, dans le Frag. 36, 41, 1 D, pose cette règle : dès que nous sommes d'accord sur l'identité de la chose corporelle, quoique nous soyons en désaccord sur la cause de la tradition, notre pensée se portant sur deux affaires qui impliquent également la volonté de transférer et d'acquérir la

3

propriété, le *mutuum* et la donation par exemple, la tradition transfère la propriété.

Ulpien, dans le Frag. 18, 12, 1 D, décide au contraire qu'il n'y a pas transfert de propriété, parce que, dit-il, l'*accipiens* a reçu les écus dans une autre pensée que celle dans laquelle ils lui ont été livrés *cum alia opinione acceperit.*

Nous comprenons très bien qu'il n'y ait ni donation, ni *mutuum*, car l'accord de volontés nécessaire a fait défaut sur ce point, mais cet accord de volontés s'est rencontré sur le transfert de la propriété. Le *tradens* avait l'intention d'aliéner, et l'*accipiens* celle d'acquérir. La *justa causa* existant, pourquoi la transmission de la propriété n'aurait-elle pas lieu? L'opinion de Julien est évidemment conforme à la théorie de la *justa causa* exposée plus haut et aux vieux principes romains.

Vinnius (*Select.*, *quæst.* L. 11, c. 35), et après lui, Pothier (*Pand., de adq. rer. dom.*, n. 58), ont essayé de concilier ces deux textes.

Ulpien, disent-ils, aurait envisagé le résultat définitif de l'opération, et comme il accorde au *tradens* une *condictio* qui aura pour résultat d'enlever à l'*accipiens* les choses qui lui auront été livrées, il a pu dire sans erreur qu'en somme la propriété n'était pas transférée à l'*accipiens.*

Ce raisonnement ne saurait être admis. Supposant l'*accipiens* investi de la propriété des choses pendant un instant, il est trop formellement contraire au texte qui dit clairement : « *Nummos ac-cipientis non fieri.* »

Nous préférons reconnaître l'impossibilité de concilier ces textes, et voir dans la solution donnée par Ulpien un progrès, puisqu'il tient compte du motif que poursuivent les parties.

Le droit romain ne se préoccupait pas du point de savoir si on avait voulu faire une vente, une donation, un *mutuum*, etc. L'erreur sur la cause finale n'empêchait pas le transfert de propriété pourvu que ce transfert réunisse les conditions nécessaires. Ulpien consulte le but final et déclare que la tradition n'a pas transféré la propriété, si ce but a été manqué.

Sa théorie est passée dans le droit français. (Art. 1131.)

3° S'il y a erreur sur l'identité physique de l'objet, *in ipso corpore rei*; si on croit livrer une chose autre que celle que l'on livre ou que l'on reçoit, il n'y a pas transfert de propriété, parce que la double volonté d'aliéner et d'acquérir ne se rencontre pas sur la même chose : « *Non puto er-rantem adquirere*, nous dit Ulpien. (Fr. 34, 41, 2 D.)

4° Le *tradens* peut ignorer être propriétaire de la chose par lui livrée.

Ainsi, il fait tradition, en qualité de tuteur ou de mandataire, d'une chose qu'il croit appartenir au pupille ou mandant et qui lui appartient en réalité.

Cette tradition, nous dit Ulpien (Fr. 35, 41, 1 D),

ne transfère pas la propriété, *quia nemo errans rem suam amittit*. Le *tradens* pourra donc revendiquer sa chose. On a cru voir une contradiction à cette solution dans le Fragment 49, 17, 1 D, mais elle n'est qu'apparente, les hypothèses prévues par les jurisconsultes étant différentes.

Marcellus suppose que le propriétaire putatif a donné mandat au propriétaire véritable non seulement de livrer, mais de vendre et livrer comme sienne, la chose qui appartient à ce dernier. L'erreur découverte, le propriétaire véritable ne pourra pas revendiquer la chose, non pas qu'il ait transféré la propriété, mais parce que sa demande serait repoussée par l'exception de garantie qui lui sera opposée en sa qualité de vendeur. Il aura pour se faire indemniser l'action *mandati contraria*.

L'hypothèse d'Ulpien est différente : d'après lui, c'est le propriétaire putatif qui vend, et le propriétaire véritable livre la chose comme mandataire. Lorsque ce dernier s'apercevra de l'erreur, il pourra revendiquer, car il n'est pas tenu, comme dans le cas précédent, de l'obligation de garantie.

Cette solution d'Ulpien nous montre encore la tendance de ce jurisconsulte à tenir compte du motif déterminant l'intention respective d'aliéner et d'acquérir.

CHAPITRE PREMIER

Conditions moyennant lesquelles la tradition fait acquérir la propriété.

Quoique le *corpus* et la *justa causa* soient réalisés, la tradition n'opère translation de la propriété qu'autant que certaines conditions se trouvent réunies. Ainsi elle exige : 1° une chose susceptible de tradition ; 2° la capacité d'aliéner chez le *tradens* en droit ; 3° la même capacité en fait ; 4° la capacité d'acquérir chez *l'accipiens*.

Etudions séparément chacune de ces conditions.

SECTION I

CHOSE SUSCEPTIBLE DE TRADITION

Tout objet n'est pas susceptible d'être acquis en pleine propriété par tradition. Il doit être corporel, *in commercio*, et *nec mancipi* au moins à l'époque du droit classique.

(A) L'objet *doit être corporel*.

La tradition étant un des modes d'acquisition basés sur la possession, son champ d'application se restreindra aux seules choses susceptibles de possession, c'est-à-dire aux choses corporelles. (G. II, § 28.)

Nous verrons plus loin déroger à ce principe et admettre la quasi-tradition des démembrements de la propriété comme conséquence de leur quasi-possession.

(B) L'objet doit être in commercio, c'est-à-dire susceptible d'appropriation privée.

Les choses *in commercio*, étaient mobilières ou immobilières.

Les meubles hors du commerce étaient ceux qui rentraient dans la catégorie des *res : sacræ, sanctæ, religiosæ, communes, publicæ* etc.

Les *res sacræ* pouvaient être aliénées toutefois pour racheter les captifs. (Inst. liv. II, tit. I, § 8.)

Quant aux immeubles, les fonds italiques étaient susceptibles de propriété privée. Il en était différemment dans l'ancien droit, des fonds provinciaux n'ayant pas le *jus italicum* dont les uns, nommés *prædia stipendiaria*, appartenaient au peuple et les autres faisaient partie du domaine de l'empereur sous le nom de *prædia tributaria*. Le *dominium* restant à l'empereur ou au peuple romain, les particuliers ne pouvaient avoir que la possession et la jouissance de ces fonds, moyennant le *stipendium* dans les provinces du peuple, et le *tributum* dans celles de l'empereur. (G. II, §§ 7 et 21). Il en résultait que le *tradens* ne pouvait transmettre sur eux que les droits dont il était investi, c'est-à-dire la jouissance et la possession.

Cette distinction entre la possession et la propriété des fonds provinciaux était appelée à disparaître. Dioclétien permit parfois aux particuliers d'en acquérir le *dominium* (Vat. Frag. §§ 315 et 316) et Justinien les assimila complètement aux fonds italiques.

.(C) *L'objet doit être nec mancipi.*

Pour l'intelligence de cette condition qui ne fut plus exigée après Justinien, on voudra bien se reporter à l'introduction de notre thèse. Nous y avons énuméré les choses *mancipi*, étudié les effets de la tradition d'une *res mancipi* et constaté la réforme de Justinien qui, en abolissant toute distinction entre ces choses, donna à la tradition le pouvoir d'en transférer la propriété, pourvu que les deux premières conditions existent.

SECTION II

CAPACITÉ D'ALIÉNER CHEZ LE TRADENS EN DROIT

Le *tradens* doit être propriétaire de la chose livrée ou du moins avoir reçu du *dominus* mandat de l'aliéner.

Cette condition est une conséquence du principe d'après lequel nul ne peut transférer à autrui plus de droit qu'il n'en a « *Nemo plus juris ad alium transferre potest quam ipse haberet.* » (Frag. 54, 50, 17 D.)

Cependant des motifs divers ont fait apporter des exceptions à cette règle générale :

1° Le mandataire peut valablement aliéner par tradition la chose du mandant.

2° Les esclaves et les fils de famille peuvent aliéner la chose du maître et du père, lorsqu'ils agissent conformément à la volonté de ceux-ci. Cette volonté sera expresse ou résultera de la concession d'un pécule.

3° Les tuteurs et curateurs peuvent faire les aliénations selon les règles et dans les limites tracées par la loi. Ils ne peuvent pas néanmoins consentir des aliénations à titre gratuit (Fr. 22, 26, 7 D.), et leur pouvoir d'en consentir à titre onéreux fut successivement restreint par le S. C. de Sévère et par Constantin.

4° Le fisc, quoique non propriétaire d'une chose, peut valablement en transférer la propriété à l'*accipiens* dont le droit sera à l'abri de toute attaque de la part du *verus dominus.* Celui-ci n'a contre le fisc qu'une action en indemnité qui se prescrit par un délai de quatre ans. Justinien étendit ces règles aux aliénations consenties par sa maison et par celle de l'impératrice. (Inst. liv. II, tit. VI, § 14.)

Cette exception fut introduite par Marc-Aurèle

qui ne permettait à l'acheteur de repousser la revendication du propriétaire qu'après un délai de cinq
ans, courant du jour du contrat. Zénon modifia cette
législation en rendant l'acheteur propriétaire dès
le moment de la tradition. Cette dérogation aux
principes s'explique par le crédit dont on voulait
entourer le fisc. Celui-ci, vendant tout aux enchères, était intéressé à voir se présenter le plus d'ad-
judicataires possible. Or le meilleur moyen de les
attirer était de leur garantir la propriété de la
chose qu'ils achetaient, résultat qui fut atteint par
la création de l'exception que nous venons d'étudier.

5° Le créancier gagiste et le créancier hypothécaire peuvent valablement, s'ils ne sont pas
payés à l'échéance, transférer la propriété de la
chose sur laquelle porte leur droit de gage et
d'hypothèque, moyennant toutefois l'accomplissement de certaines formalités qui varièrent à l'époque classique et sous Justinien. (Fr. 8 § 3, *de pig.
act.* — C. 10, 8, 14. — C. 10, *de dist. pign.* —
Inst. § I, liv. 2, tit. 8.

Toutefois cette hypothèse n'offre point une véritable exception au principe, puisque l'aliénation
a lieu d'après la volonté du propriétaire, permission
qui résulte tacitement de la nature du gage (1).

(1) Il est bien entendu que nous ne nous plaçons pas dans
le très ancien Droit romain, où il ne pouvait être question
d'exception, puisque le créancier gagiste devenait propriétaire
de la chose donnée en gage, avec clause *de Fiducie.* (G. II,
§§ 59, 60.)

Hors ces cas ainsi énumérés, le *tradens* qui n'est pas propriétaire de la chose livrée ne peut transférer la propriété, et l'*accipiens*, s'il est de mauvaise foi, restera toujours exposé à la revendication du véritable propriétaire auquel il devra rendre compte des fruits perçus; mais s'il est de bonne foi il deviendra possesseur *ad usucapionem.* Si le *tradens* n'a que l'*in bonis* de la chose, il transférera seulement les droits attachés à cette sorte de propriété avec les moyens de protection accordés par le préteur.

SECTION III

CAPACITÉ D'ALIÉNER CHEZ LE TRADENS EN FAIT

Cette condition se rattache à la distinction que l'on doit faire entre la jouissance et l'exercice d'un droit. La jouissance, c'est l'aptitude légale à l'acquisition ou à la transmission des droits euxmêmes.

L'exercice, c'est la faculté de faire les actes, de remplir les formalités et conditions nécessaires pour la mise en œuvre de cette aptitude, c'est-à-dire pour acquérir des droits, les conserver, les faire valoir et en disposer.

La jouissance et l'exercice d'un droit se rencontrent en général sur la même tête; tout proprié-

taire, en principe, peut aliéner sa chose, mais cette
réunion n'a pas toujours lieu; ainsi elle n'existe
pas chez certaines personnes que le législateur
protège spécialement. Leur énumération succes-
sive nous fera voir que l'exercice du droit de propriété dont elles sont les titulaires est le plus
souvent confié à des mandataires légaux. Sont
incapables d'aliéner, quoique propriétaires :

1° *Le pupille non autorisé*. — Cette incapacité
est une conséquence du principe posé par les Institutes (Liv. 1, tit. 21. pr.), d'après lequel le pupille ne peut seul rendre sa condition pire, et il la
rend telle en aliénant, en s'obligeant, en cessant
d'être créancier.

Quel sera l'effet de la tradition faite au mépris
de la loi par le pupille, *sine auctoritate tutoris* ?

Les Institutes (Liv. II, tit. 8, § 2), répondent à
la question. Si les deniers que le pupille a livrés
à titre de *mutuum* existent, il pourra les revendiquer, car ils ne sont pas devenus la propriété de l'*accipiens*. Mais si celui-ci les a consommés de bonne
foi, il sera tenu par la *condictio sine causa*, et non
ex mutuo, puisque le *mutuum* n'existe pas, et il y a
intérêt à savoir laquelle des deux appartiendra
au pupille qui pourra exercer la première tout de
suite, sans être arrêté par les délais du *mutuum*
qu'il devrait respecter dans la seconde.

Si l'emprunteur a été de mauvaise foi, il sera
tenu par l'*actio ad exhibendum*, beaucoup plus ri-

goureuse que la *condictio sine causa*, car elle permet au demandeur de fixer sous la foi du serment le montant de la condamnation à prononcer par le juge, appréciation qui est faite par celui-ci dans la *condictio sine causa*.

2° *Le furiosus dans ses moments non lucides.* — Nous avons indiqué comme élément essentiel à la tradition, l'intention chez le *tradens* de transférer la propriété. De ce principe il résulte que ceux qui sont incapables de manifester une volonté, ne peuvent jouer valablement le rôle de *tradens*, et au nombre de ces personnes figure évidemment le fou dans ses intervalles non lucides.

Bien plus, le consentement du curateur ne validerait pas l'aliénation, ce consentement ne pouvant que fortifier, mais non suppléer sa volonté. L'aliénation faite par le *furiosus* est nulle *ipso jure*. (Fr. 5, 50, 17 D.)

Dans ses intervalles lucides, le *furiosus* est aussi capable que toute autre personne.

3° *Le prodigue interdit.* — Celui-ci conserve bien son intelligence et sa volonté, mais, comme le pupille, la loi a dû le protéger contre ses prodigalités excessives, et dans ce but elle lui a défendu de rendre sa condition pire, c'est-à-dire d'aliéner, sans le *consensus* de son curateur. (Fr. 6, 45, 1. — Fr. 3, 46, 2).

S'il accomplit seul la tradition, il demeure,

comme le pupille, propriétaire de l'objet livré, et pourra le revendiquer entre les mains de l'*accipiens*, ou agir par la *condictio* s'il a été consommé.

4° *Dans le dernier état du droit, le mineur de vingt-cinq ans ayant un curateur permanent.* — A la fin du IIIe siècle, on distingue entre les mineurs de vingt-cinq ans ayant demandé un curateur et ceux qui n'en ont pas demandé.

Les premiers sont assimilés aux prodigues et à ce titre ne peuvent aliéner sans le *consensus* du curateur ; certaines aliénations exigent même, outre l'assistance du curateur, un décret du magistrat; les seconds peuvent aliéner, sauf le bénéfice de l'*in integrum restitutio*. (C. 3, 2, 22, code.)

5° *Dans l'ancien droit, la femme nubile, sui juris, en tutelle de ses agnats ou de son patron.* Son incapacité se restreint à l'aliénation des *res mancipi*, car elle ne peut pas accomplir seule un *civile negotium*. (G. II, §§ 80, 84.)

D'après les Vat. Frag. § 1, la tradition faite par la femme seule place l'*accipiens in causa usucapiendi*, mais en cas de vente elle reste maîtresse d'arrêter l'usucapion et de reprendre sa chose en restituant le prix qu'elle en a reçu.

6° *Le mari relativement à l'immeuble dotal.* — Cette incapacité spéciale date de la loi Julia (*de adulteriis et de fundo dotali*), rendue sous Auguste, aux termes de laquelle le mari, quoique *do-*

minus dotis, ne peut pas aliéner les fonds dotaux italiques sans le consentement de sa femme, prohibition qui fut étendue par Justinien aux immeubles dotaux situés dans les provinces, et ne put être effacé par le consentement de la femme. (G. II, §§ 62, 63.)

D'après le but même de la loi Julia, qui est d'assurer la restitution du fonds dotal, l'aliénation par le mari seul n'est nulle qu'autant que la femme ou ses héritiers sont intéressés à la critiquer, et ils le seront lorsqu'après la dissolution du mariage, l'immeuble même devra leur être rendu. (Fr. 3, § 1; — Fr. 13 § 3; — Fr. 17, *de Fundo dot.*)

SECTION IV

CAPACITÉ D'ACQUÉRIR CHEZ L'ACCIPIENS

Le *tradens* propriétaire et capable d'aliéner ne tranférera la propriété à l'*accipiens* qu'autant que celui-ci sera capable d'acquérir.

Il y a des cas d'incapacité absolue chez les uns, relative chez les autres. Parcourons-les.

Sont absolument incapables d'acquérir par tradition :

1º Les esclaves et les fils de famille qui n'ont pas de pécule. Nous verrons plus loin qu'ils acquéraient pour leur maître ou leur père.

2° Le *Furiosus.*

La tradition exige en effet chez l'*accipiens* l'intention d'acquérir pour soi. Dès lors ceux qui n'ont pas de volonté, et de ce nombre est le *furiosus*, ne peuvent pas figurer comme *accipientes* dans une tradition. (Fr. 1 § 3, 41, 2, D.)

3° *Quid de l'infans?*

Incapable d'avoir une volonté, comme le *furiosus*, l'application rigoureuse des principes lui fit interdire pendant longtemps toute acquisition par tradition, même avec l'*auctoritas tutoris.*

Comment en effet compléter, augmenter une capacité dont l'absence est radicale?

Mais les jurisconsultes, pénétrés des inconvénients nombreux qui pouvaient résulter de cet état de choses, permirent *utilitatis causa* l'acquisition à l'*infans, tutore auctore. Judicium infantis suppletur tutoris auctoritate* dit le texte. (Fr. 32 § 2, 41, 2 D.)

On a soutenu, en se basant sur la C. 3, 7, 32 au code, que l'*infans* arriva à pouvoir acquérir par une simple appréhension corporelle et sans aucune intervention du tuteur. Mais si cette innovation était réelle, nous ne trouverions pas une constitution postérieure de laquelle il résulte que, sous Constantin, l'*infans* ne pouvait recevoir seul une tradition. (C. 26, 8, 54.)

Nous croyons que l'*auctoritas tutoris* est sous-entendue dans la Constitution 3.

Quant au pupille sorti de l'*infantiâ*, au prodi-

gue, au mineur de vingt-cinq ans muni d'un curateur, ils sont capables d'acquérir seuls par tradition, car ils ne sont pas dépourvus de volonté et
ils peuvent rendre seuls leur condition meilleure.

Sont frappés d'une incapacité spéciale :

1° Les gouverneurs de province qui ne peuvent
pas acquérir les immeubles situés dans leur ressort.

On craignait qu'un magistrat, déjà puissant par
ses attributions, ne cherchât dans de nombreuses
acquisitions faites dans la province, un moyen de
se rendre indépendant du pouvoir central. (Fr. 62,
pr. 18, 1 D.)

2° Les tuteurs et curateurs relativement aux
biens des personnes placées sous leur puissance.
(Fr. 34 § 7, 18, I D.)

On a voulu éviter de mettre en opposition le
devoir et l'intérêt, la lutte se terminant trop souvent par le sacrifice du devoir.

3° Les juifs et les païens dans le dernier état
du droit ne peuvent pas acquérir la propriété d'un
esclave chrétien. (C. 1 et 2, 1, 10 code).

4° L'épouse à qui son conjoint veut faire une
donation. (Fr. 3 § 10, 24, 1 D.)

La plupart du temps l'*accipiens* est connu du
tradens, mais cette connaissance n'est pas indispensable au transfert de propriété, pourvu que la
volonté respective d'aliéner et d'acquérir existe.
On dit alors que la tradition est faite à une personne incertaine.

Une application de ce principe se trouve dans le § 46 des Institutes, II. I. aux termes duquel ceux qui saisissent les pièces de monnaie jetées au peuple par les préteurs et les consuls en deviennent aussitôt propriétaires.

La *justa causa traditionis* est réalisée. Ces magistrats ont, en effet, l'intention de transférer la propriété des pièces qu'ils jettent à ceux qui les recueillent et ceux-ci ont bien l'intention de l'acquérir.

On se demandait dans l'ancien droit romain, s'il n'y avait pas tradition *incertæ personæ* dans le cas où un individu s'emparait d'une chose abandonnée par son maître. La controverse existant sur cette question était une conséquence de celle qui divisait les jurisconsultes sur le point de savoir si la chose abandonnée par son propriétaire devenait une *res nullius*, ou continuait à lui appartenir jusqu'à ce que quelqu'un s'en fût emparé. (Fr. 2 § 1, 41, 7 D.)

Dans la première opinion, qui était celle des Sabiniens, l'inventeur acquerrait la chose par occupation. Dans la seconde, soutenue par les Proculiens, on se trouvait dans une hypothèse de tradition *incertæ personæ*.

Il n'était pas sans intérêt d'adopter telle ou telle solution. Si l'inventeur devenait propriétaire par occupation, il acquerrait le *dominium ex jure quiritium* sur la chose abandonnée, qu'elle fût *mancipi* ou *nec mancipi*. Le devenait-il, au contraire, par tradition, il acquerrait le *dominium* si la chose

4

était *nec mancipi*, l'*in bonis* seulement, si elle était *mancipi*.

Justinien consacra l'opinion des Sabiniens (Inst. § 47, II, I.) On a essayé toutefois de soutenir le contraire en se fondant sur les premiers mots du § 47 : *qua ratione*. Signifiant : par le même motif, ils semblent rattacher ce qui suit au cas du paragraphe précédent, et ne pas faire de différence entre celui qui abandonne sa chose et le magistrat qui jette des pièces de monnaie à la foule.

Mais il suffit de continuer à lire le texte pour lever tout doute à cet égard. Non content d'employer l'expression : *occupaverit*, il nous dit que le *derelinquens* cesse d'être propriétaire immédiatement : « *ideoque statim dominus esse desinit.* » La chose devient donc *nullius* et l'inventeur l'acquiert par occupation.

Les mots *qua ratione*, insérés par inadvertance dans les Institutes, doivent provenir de quelque texte de jurisconsulte qui, traitant de l'occupation, appliquait ce mode d'acquisition au cas prévu par le § 47.

On adresse à ce système un reproche. Si, dit-on, l'inventeur acquiert par occupation la *res derelicta*, les tiers, ayant des droits réels sur elle, vont éprouver par leur disparition un grave préjudice, ce qui n'aurait pas lieu si l'inventeur acquérait par tradition. Nous n'admettons pas cette conséquence que l'on fait produire à l'abandon d'une chose par le maître. Celui-ci a bien pu se dépouiller des droits dont il était investi, mais ceux qui avaient été concédés à des tiers, à un usufruitier par exemple, comment aurait-il pu les abandonner puisqu'ils ne lui appartenaient pas ? Les tiers continueront donc à pouvoir exercer leurs droits.

Il ne faut pas assimiler, nous dit le § 48. Inst. II, I, aux choses abandonnées les objets perdus et ceux jetés à la mer dans une tempête afin d'alléger le navire. Le maître en conserve la propriété parce qu'évidemment il n'a pas abdiqué *l'animus domini*. Non seulement l'occupation de ces objets n'en transfère pas la propriété, mais elle n'en permet pas l'usucapion et constitue même un *furtum*, si elle est faite de mauvaise foi. (Fr. 21 §§ 1 et 2, 41, 2; — Fr. 6 et 7, 41, 7.) Ulpien nous montre dans le Fragment 43 § 11, 47, 2, D. que dans tous ces cas, l'intention joue un grand rôle.

CHAPITRE II

De la représentation dans la tradition

Un des principes fondamentaux du droit romain classique est sans contredit celui de la non-représentation dans les actes juridiques *per extraneam personam*, c'est-à-dire par une personne non soumise à la puissance de celui qui veut être représenté.

Le sens pratique de cette théorie est celui-ci : Tout acte du mandataire ne produit aucun effet direct actif ou passif sur le mandant, théorie opposée à celle de notre Code civil (art. 1984) d'après laquelle le mandataire représente le mandant dont il n'est que l'instrument. Toutefois, on peut voir dans notre Droit français une situation analogue à celle du mandataire en Droit romain : c'est celle du commissionnaire qui agit en son propre nom (art. 94, Cod. com.) (1)

Le principe de la non-représentation est confirmé par deux règles romaines que l'on formule ainsi :

1º Nul ne peut acquérir *per extraneam personam*. (Inst. liv. II, t. IX, § 5.)

2º Nul ne peut agir en justice pour autrui. (Inst. liv. IV, t. X.)

Le mandataire contracte en son propre nom, devient lui-même créancier ou débiteur et transporte ensuite ses acquisitions ou ses dettes sur la tête du mandant ; d'où, comme conséquence, deux mutations de propriété, deux transferts de créance. Il semble dès lors que la théorie de la représentation du mandant par le mandataire aurait simplifié les rapports juridiques.

---

(1) L'assimilation n'est plus admissible lorsqu'il agit au nom d'un commettant, auquel cas il est soumis aux règles du mandataire en Droit français.

Quelles sont donc les raisons qui l'ont fait rejeter ?

Elles sont nombreuses.

Il y a d'abord une raison historique. La non-représentation a été introduite par l'état des mœurs primitives. A l'origine, tous les actes étant solennels nécessitaient des formes symboliques. Il en résultait que le fait accompli produisait des effets immédiats entre les parties présentes seulement, elles seules ayant pu prononcer les paroles exigées, accomplir les formalités.

Il y a, en second lieu, une raison pratique. L'intérêt de se faire représenter à Rome ne s'est pas fait tout d'abord sentir, chaque citoyen ayant autour de lui beaucoup de personnes qui étaient ses extensions juridiques. Ainsi, l'esclave, le fils, la femme qui accomplissaient des actes, agissaient pour le *pater familias*.

Enfin la législation romaine paraissait moins que toute autre disposée à admettre la théorie de la représentation. Les sentiments de charité étaient étrangers au peuple romain essentiellement intéressé et égoïste. Il n'admettait pas qu'une personne pût représenter un de ses semblables, pût agir pour un autre que pour soi. De pareilles théories durent forcément disparaître après l'introduction du droit des gens et sous l'influence du christianisme.

Cette théorie de la non-représentation fut successivement battue en brèche par les jurisconsultes, les préteurs et les empereurs qui y apportèrent, en ce qui touche la tradition, des dérogations que nous allons étudier.

SECTION I

DU MANDAT D'ACQUÉRIR PAR TRADITION

Un des effets de la non-représentation dans l'acquisition des droits réels est de forcer le mandataire à acquérir pour lui, sauf à transférer ensuite au mandant le bénéfice de son acquisition. Celui-ci ne peut acquérir un droit réel par le mandataire « *per extraneam personam nihil acquiri potest.* » (Inst. II. 9 § 5.)

Il en résulte que si le mandataire a un patrimoine hypothéqué, la chose achetée par lui sera transmise au mandant grevée d'hypothèque. A cet inconvénient déjà si considérable viennent s'en ajouter d'autres : la nécessité d'une double mutation de propriété, la crainte de l'insolvabilité du mandataire, dans le cas où, sur son refus de faire tradition, le mandant le poursuivrait.

Aussi ne doit-on pas s'étonner de voir introduire des innovations destinées à corriger de si funestes conséquences.

La première dérogation au principe de la non-représentation permit l'acquisition de la possession *per extraneam personam.*

Nous savons qu'en principe le *corpus* et l'*animus*, les deux éléments essentiels de la possession juridique, devaient se réaliser dans la même personne. Mais on se départit de cette rigueur, et on permit d'acquérir le *corpus* par l'intermédiaire d'autrui. « *Possessionem adquirimus animo et corpore, animo utique nostro, corpore etiam alieno* » dit Paul. (Liv. V, *Sent.*, titre II, § 1.)

On exigeait seulement que l'*animus*, chez le mandant, fut concomitant à l'appréhension de la chose par le mandataire.

Plus tard, on ne s'occupa plus du point de savoir si la volonté du mandant coïncidait avec la prise de possession par son représentant, et elle put précéder la tradition faite au *procurator*. L'*animus* général, résultant de la constitution du mandat, suffit pour manifester l'intention, chez le mandant, d'acquérir la possession. Elle compétait au mandant dès que le mandataire avait acquis le *corpus*, encore qu'à ce moment cette acquisition fût inconnue du mandant.

Tel est le sens dans lequel doivent être interprétées ces expressions des Institutes, § 5, liv. II, tit. IX : « *sed et etiam ignorantibus nobis adquiri possessionem.* »

Cette dérogation aux principes primitifs est antérieure à Septime Sévère, quoi qu'en dise Justinien. La Constitution, 1, 7, 32, Code, de cet empereur, à laquelle il est fait allusion, ne fit que confirmer une doctrine présentée par Nératius et qui, au dire de Gaïus, était controversée. (G. 2, § 95; — Fr. 41, 41, 3 D.)

Cette faculté d'acquérir la possession *per extraneam personam* dut exercer une certaine influence sur l'acquisition de la propriété par la tradition.

La possession étant la base de ce mode d'acquérir, il en résulte que le mandant qui acquerrait à son insu la possession d'une chose en acquerrait aussi la propriété quand la tradition était faite par le propriétaire ayant l'intention d'aliéner et portait sur une *res nec mancipi* avant Justinien. Si la chose était *mancipi*, le mandant en commençait immédiatement l'usucapion.

Quant aux modes solennels d'acquisition, tels que la *mancipatio* et l'*in jure cessio*, n'étant pas basés sur la possession, ils ne purent bénéficier des dérogations apportées au principe de la non-représentation. Mais, après leur disparition, quand Justinien eut aboli la distinction entre les *res mancipi* et *nec mancipi*, et fait de la tradition un mode général de transmission des biens, la règle : « *nihil per extraneam personam nobis adquiritur* » ne s'appliqua plus désormais à la propriété et le mandant put l'acquérir par le mandataire dans tous les cas où il l'aurait lui-même acquise. Ce résultat est formellement constaté dans le § 5, Inst., liv. II, tit. IX.

On nous oppose cependant le Fragment 59, D. *de adq. rerum dominio* aux termes duquel une chose achetée sur mon mandat ne devient ma pro-

priété qu'après que celui qui l'a achetée me l'a
livrée, et la Const. 2, Code 9, 10, reproduisant la
même théorie.

Pour les réfuter, il suffit de faire remarquer
qu'ils visent des cas où l'intention des parties est
de faire acquérir d'abord la propriété au mandataire et de l'obliger ensuite à la transmettre au
mandant. Or, rien ne s'oppose à une pareille convention dont le but est le plus souvent de taire le
nom du mandant. Celui-ci veut acheter tel immeuble, mais il craint que, vu ses rapports avec le
propriétaire, ce dernier ne demande un prix exa-
géré et ne mette des obstacles à la vente, ou bien
il ne veut pas paraître dans l'acte pour un motif
quelconque. Dans cette situation, il charge une
personne d'acheter pour elle et de lui transmettre
ensuite l'immeuble. Cette convention se rencontre
encore de nos jours. Les deux lois qui en parlent
ne contredisent donc pas la théorie de la représentation dans la tradition, puisqu'elles visent une
hypothèse particulière dans laquelle les parties
peuvent avoir intérêt à se trouver.

En matière d'usucapion, la règle n'est pas la
même. Si le *tradens* n'est pas propriétaire, le
mandant usucape à compter seulement du jour où
la tradition est connue de lui. L'usucapion suppose
la bonne foi chez celui qui usucape; or, tant qu'il n'a
pas connaissance de la tradition, on ne sait pas s'il
est de bonne ou de mauvaise foi. (C. I, 7, 32, Code.)

Nous nous sommes placé jusqu'ici en présence

d'un mandataire s'acquittant fidèlement de sa mission, c'est-à-dire recevant la chose avec l'intention de l'acquérir pour le mandant.

Qu'arrivera-t-il s'il est infidèle ?

Le *tradens* remet la chose au mandataire avec l'intention de la faire avoir au mandant, mais le mandataire a l'intention de se l'approprier. La propriété va-t-elle être transférée ou restera-t-elle stationnaire sur la tête du *tradens* ?

Il est d'abord certain qu'elle ne sera pas transférée au mandataire, puisque le *tradens* n'a pas entendu la lui transférer.

Mais est-elle transmise au mandant ?

Julien, dans le Fragment 37 § 6, 41, 1 D, admet la négative en considérant l'acte comme nul: *nihil agetur*, dit-il.

Ulpien, au contraire, dans le Fragment 13, 39, 5, D, ne tenant compte que de la volonté du *tradens*, admet l'affirmative... *nihil agit in sua persona, sed mihi adquirit*, dit-il.

De nombreux interprètes se sont efforcés de concilier ces deux textes. Cujas supplée, dans le texte de Julien, après *nihil agetur*, les mots *in sua personâ* et sous-entend *sed mihi adquiret*.

Pothier sous-entend, après *nihil agetur*, cette restriction : *sed mihi adquiret, cum ratum habuero.* M. de Savigny sous-entend aussi (*Traité de la Possession*, p. 331, note 3.) après les mots *nihil agetur*, ceux-ci : *in persona procuratoris.*

Nous n'admettons pas ces modes ingénieux de

conciliation qui auraient trop facilement raison
des textes embarrassant le commentateur et préférons voir avec Gluck (1), et Machelard (2), dans
les Fragments 13 et 37, deux textes inconciliables
renfermant deux opinions opposées.

Celle d'Ulpien nous semble préférable. Il ne
faut pas, en effet, tenir compte de l'intention frau-
duleuse du mandataire ; il n'est chargé que de
prendre matériellement possession de la chose, de
réaliser le *corpus*. Quant à l'*animus*, il suffit qu'il
se trouve chez le mandant ; or, la constitution du
mandat dénote bien chez lui l'intention d'acquérir.
La possession et la propriété doivent donc lui être
acquises.

Le mandataire n'est pas la seule *extranea persona* capable d'acquérir la possession et par suite
la propriété pour autrui. Le même pouvoir appartient au *negotiorun gestor*, aux tuteurs, curateurs
et administrateurs des cités.

Lorsque la tradition est reçue pour un tiers par
un *negotiorum gestor*, c'est-à-dire par un *accipiens*
qui a agi *sponte suâ*, sans ordre, la propriété n'est
acquise au tiers qu'après connaissance et ratification de l'acquisition faite en sa faveur. Il n'a pas,
en effet, comme le mandant, un *animus* général. (Fr.
42 § 1, 41, 2 D.)

Les administrateurs, tuteurs et curateurs ac-

(1) *Pand.*, § 582 (T. 8, p. 119.)

(2) Textes du *Droit romain*.

quièrent pour les cités, les *infantes*, les fous, etc...
Quoiqu'il n'y ait pas ici d'*animus* chez le bénéfi-
ciaire, il est remplacé par leur *animus* personnel.
(Fr. I §§ 20 et 22, 41, 2 D.)

SECTION II

DU MANDAT D'ALIÉNER PAR TRADITION

Un des effets de la non-représentation dans la
constitution des droits réels est de ne pas permettre au mandataire *extraneus* de transférer
plus de droit qu'il n'en a. Si donc il veut aliéner
une chose appartenant au mandant, celui-ci doit
auparavant l'en rendre propriétaire. De là les
mêmes inconvénients que nous avons signalés dans
le cas précédent et qui amenèrent une dérogation
corrélative à celle qui avait été admise dans l'acquisition des droits réels.

On permit de transmettre la possession par
mandataire, pourvu que le mandant, en remettant
la chose à celui-ci, ait manifesté l'intention de vouloir la faire avoir à l'*accipiens*. Il n'était pas nécessaire que sa volonté fût concomitante à l'acte de
transmission. L'*accipiens* l'acquerrait *mandatore
etiam ignorante*. La conséquence forcée d'une telle
innovation fut de faire acquérir la propriété à
l'*accipiens* lorsque la tradition était capable de la
transférer, et lorsque telle était la volonté du

mandant et de l'*accipiens*. La volonté du mandataire n'était pas nécessaire. Ce résultat, restreint
dans l'ancien droit aux *res nec mancipi* (1), fut
toujours atteint après Justinien qui, nous l'avons
déjà dit, reconnut à la tradition le pouvoir de
transmettre la propriété de toutes les choses corporelles.

On peut donc dire, avec le § 42 des Institutes II, I, qu'il est indifférent pour la transmission de la propriété que la tradition soit faite
par le propriétaire lui-même ou par un mandataire.

Aucun doute ne peut s'élever au sujet d'un
mandataire spécial chargé d'aliéner une chose.
Ainsi, *Primus* donne à *Secundus* mandat de livrer
tel objet déterminé à *Tertius*. Si *Secundus* exécute
ce mandat, la tradition sera valable sans contredit.

La question de savoir si un mandataire général,
auquel un propriétaire a confié l'administration
de tous ses biens, a de ce chef le droit de transférer la propriété pour le mandant soulève une controverse. Le § 43 des Institutes II, I, admet
l'affirmative. *Quâ ratione, si cui libera universorum negotiorum administratio à domino
permissa fuerit, isque ex his negotiis rem vendide-
rit et tradiderit facit eam accipientis.* « C'est pourquoi, dit-il, le tiers à qui le propriétaire a confié

(1) Les modes solennels de transmission : la *mancipatio* et
l'*in jure cessio* ne participèrent pas davantage ici aux dérogations apportées à la théorie de la non-représentation.

la libre administration de ses biens, en transfère la propriété à celui qui le reçoit. » Le Fragment 63 de *procuratoribus* 3, 3 D, nous dit, au contraire, que la propriété ne peut pas être transférée par un mandataire général.

Pothier (1) a proposé une conciliation. Il distingue le mandataire général auquel le propriétaire a confié la *libera administratio universorum bonorum* de celui à qui on n'a confié que la *simple administration* de ses biens.

Dans le premier cas, qui est celui du § 43 des Institutes, le mandataire a le pouvoir de faire des aliénations, car le propriétaire est censé lui avoir dit tacitement de se comporter comme lui et d'aliéner un de ses biens, s'il le jugeait convenable. C'est aussi ce que suppose Paul lorsqu'il permet au *procurator* de faire des échanges et de payer les créanciers (F. 58 et F. 59. D. 3, 3.)

Dans le second cas, qui est celui du Fragment 63, le mandataire ne peut faire aucune sorte d'aliénation, si ce n'est celles qui sont considérées comme des actes d'administration : aliénation de fruits, d'objets qui se détériorent.

Nous adoptons cette conciliation en faisant toutefois, avec du Caurroy, cette réserve que le mandataire *cum libera* ne peut consentir des aliénations à titre gratuit. Chargé d'administrer le patrimoine du mandant, il l'appauvrirait par des donations.

(1) *Pand.*, livre III, t. III, § 3.

Disons en terminant que l'aliénation faite par un *negotiorum gestor* sera valable après ratification par le maître.

SECTION III

TRADITION FAITE A UNE PERSONNE EN PUISSANCE

Les personnes *alieni juris*, n'ayant pas de patrimoine, sont incapables d'acquérir pour elles-mêmes ; mais les acquisitions faites par elles profitent à ceux en la puissance desquels elles se trouvent, et il ne faut pas croire que la représentation du père de famille par le fils ou l'esclave soit une dérogation à la théorie de la non-représentation. C'est une conséquence logique de la constitution de la famille romaine.

Le *pater familias* est censé avoir été partie dans tous les actes où ce rôle a été joué par le fils ou l'esclave qui fonctionnent comme instruments d'acquisition pour lui.

Nous acquérons encore, nous dit le *principium* des Institutes II, 9, par les personnes placées sous notre puissance, de même par les esclaves dont nous avons l'usufruit et par les esclaves ou les hommes libres que nous possédons de bonne foi. Examinons brièvement chacune de ces hypothèses et d'autres analogues.

§ 1

Tradition faite à un esclave.

I. — *Esclave dont on a la pleine propriété.*
Lorsqu'une tradition est faite à un esclave avec
intention de lui transférer la propriété, celui-ci
acquiert pour son maître *invito* et *ignoranti*, à son
insu et contre son gré. C'est ce que dit le
§ 3 des Institutes II, IX. Il ajoute que la possession peut être aussi acquise au maître, mais non
invito et *ignoranti*. D'où vient cette différence ?

La possession est un état de fait qui s'acquiert
corpore et animo. Le *corpus*, impliquant le pouvoir
physique sur une chose, peut être accompli soit par
nos mains, soit par les mains d'autrui, car nous
détenons *corpore nostro vel alieno* ; mais l'*animus*
ou l'intention d'avoir pour soi est essentiellement
personnel. Nous ne pouvons posséder que par une
volonté qui nous est propre, *animo utique nostro*.
Dès lors, lorsque les esclaves ont agi à l'insu et
sans la volonté du maître, celui-ci ne possède par
eux que lorsqu'il joint sa volonté à leur détention
corporelle. (Fr. 44 § 1 in-f. *de adq. vel. amitt.
poss.* D.) La propriété, au contraire, est un droit
dont il peut être investi par la loi sans son consentement.

Le maître doit donc remplir deux conditions

pour acquérir la possession par un esclave. Il faut : 1° qu'il le possède ; 2° qu'il ait l'*animus sibi habendi*.

La première condition n'est pas remplie lorsque l'esclave est possédé de bonne foi par un tiers, ou a été donné en gage. Dans ce dernier cas, le gagiste n'acquiert pas non plus la possession par l'esclave (Fr. 37, pr. 41, 1.)

De la deuxième condition il résulte que le maître ne commence à posséder qu'à partir du moment où il connaît l'appréhension de la chose par son esclave.

II. — *Esclave sur lequel on a l'in bonis.* La propriété de l'esclave peut être scindée, l'un avoir sur lui le *nudum jus quiritium*, l'autre l'*in bonis*. Celui-ci ayant en somme tous les avantages de la propriété effective, profite de ses acquisitions par tradition. (G. II, § 88 — III, § 166.)

III. — *Esclave commun à plusieurs maîtres.* Si un esclave est commun à plusieurs maîtres, il acquiert pour chacun d'eux proportionnellement à leur part de propriété. Par exception, s'il reçoit par tradition pour un seul nominativement ou sur l'ordre d'un seul, il acquiert pour celui-là seulement. Ce dernier point, autrefois controversé entre les Proculiens et les Sabiniens, fut tranché dans le sens de ces derniers par Justinien. (G. 3 § 167. Inst. § 3, III, 28.)

5

IV. — *Esclave soumis à un droit d'usufruit ou d'usage.* Aux termes du § 4 des Institutes II, 9, l'esclave dont on n'aura que l'usufruit, fait acquérir à l'usufruitier les produits qu'il tire *ex operis suis* et *ex re fructuarii*.

L'expression *ex operis suis* vise les acquisitions résultant des travaux de l'esclave et le salaire provenant du louage de ce dernier à un tiers.

L'expression *ex re fructuarii* comprend les acquisitions provenant de l'échange des objets appartenant à l'usufruitier, de leur vente, de leur louage, et celles résultant d'institutions d'héritier, de donations et legs, lorsque ces libéralités sont faites *contemplatione fructuarii,* dans le but d'en faire bénéficier l'usufruitier lui-même (Fr. 22, 7. I. D.)

Il est facile de justifier ces acquisitions dont profite l'usufruitier. En vertu de son *jus fruendi,* il a droit aux produits de l'esclave, et si un objet de son patrimoine est échangé contre un autre, il est juste que celui-ci prenne la place du premier, car à quel titre le nu-propriétaire l'acquérait-il ? Il violerait le principe d'après lequel nul ne doit s'enrichir aux dépens d'autrui.

Les acquisitions ne provenant pas des causes indiquées plus haut appartiennent au nu-propriétaire. (G. II, § 91 ; — Fr. 10 § 3, 41, 1 D.) Il acquiert aussi les enfants nés d'une esclave sujette à un droit d'usufruit. (Inst. Liv. 2, t. 1 § 37.) L'usufruitier, en effet, n'a droit qu'aux fruits, c'est-

à-dire aux objets que la chose est destinée à produire. Or, on n'achète pas une esclave dans le but
spécial d'en obtenir des enfants. *Non ancillœ com-
parantur ut pariant.* (Fr. 27, 5, 3 D.)

Ces principes relatifs à l'acquisition de la propriété s'appliquent-ils à l'acquisition de la possession ?

Les Institutes admettent l'affirmative.

Nous acquérons, disent-elles, la possession par
les esclaves dont nous avons l'usufruit. Cette question, longtemps controversée, fut tranchée dans ce
sens, lorsqu'on comprit l'analogie qu'il y avait
entre la position de ces esclaves et celle des fils de
famille qui, quoique n'étant pas possédés par le
pater familias, acquéraient pourtant la possession pour lui (G. II, § 94. — Fr. 1 § 8, 41, 2 D.)

Quant à l'usager, il acquiert bien ce qui provient *ex re suâ* et ce que comporte son *jus utendi*
sur l'esclave, ainsi il peut lui faire cultiver ses
terres et vendre les fruits qu'il en retire ; mais il
lui est interdit de percevoir le prix résultant du
louage de l'esclave. C'est, en effet, un fruit et le
jus fruendi ne lui appartient pas (Fr. 14, 7, 8.) Signalons en passant une erreur commise par
les Institutes dans le § 2, liv. 3, titre 28.
Après avoir dit dans le § 1, qu'une obligation
nous est acquise par les hommes libres et les esclaves d'autrui que nous possédons de bonne foi,
mais seulement en deux cas, savoir : lorsqu'elle
provient de leurs travaux ou de notre propre

chose, *ex operis suis vel ex re nostra*, le § 2 ajoute *dans les deux mêmes cas*, nous acquérons également par l'esclave sur lequel nous avons l'usufruit ou l'usage. Justinien a tort d'assimiler l'usufruitier et l'usager et de leur accorder les mêmes droits. Si le premier acquiert une obligation en vertu de ces deux causes, le second l'acquiert seulement si elle provient *ex re suâ ;* nous venons d'en donner le motif.

V. — *Esclave d'autrui possédé de bonne foi.* Le possesseur de bonne foi de l'esclave d'autrui en devient propriétaire après le temps requis pour l'usucapion, et il profite alors de toutes les acquisitions faites par lui *ex omnibus causis.*

Dans l'intervalle, il acquiert comme l'usufruitier tous les produits provenant *ex re sua* et *ex operis servi.*

L'acquisition des premiers se justifie par le principe d'équité énoncé plus haut : que nul ne doit s'enrichir aux dépens d'autrui. L'acquisition des seconds lui est due à raison de son droit général aux fruits de la chose. Mais tandis que l'usufruitier profite de ces acquisitions pendant toute la durée de l'usufruit, le possesseur de bonne foi cesse d'acquérir *ex operis servi* dès que sa bonne foi disparaît et continue seulement à acquérir *ex re sua.* (Fr. 23 § 1, 41, 1 D.)

Outre cette première différence entre le possesseur de bonne foi et l'usufruitier, il en existe une seconde qui se traduit par l'impossibilité pour ce dernier d'usucaper, étant toujours de mauvaise foi, et n'ayant que la *nuda detentio* de la chose. (G. II, § 93.)

Les acquisitions ne provenant pas des motifs indiqués ci-dessus, appartiennent au véritable maître de l'esclave.

VI. — *Homme libre possédé de bonne foi comme esclave.* Il ne peut être ici question d'usucapion, la liberté étant imprescriptible. Mais les avantages de la possession de bonne foi seront accordés au possesseur de l'homme libre qui acquiert tous les produits provenant *ex re sua* et *ex operis ejus*, pour les motifs indiqués ci-dessus.

Les acquisitions provenant d'autres causes appartiendront à l'homme libre. (G. II, § 92.)

Ce droit si rigoureux régissant la condition des esclaves, ne fut pas adouci par la concession de pécules que leur firent leurs maîtres. Ceux-ci en avaient la propriété comme des esclaves, et toutes les acquisitions réalisées à propos de ces pécules leur appartenaient. Les esclaves n'en avaient que l'administration.

L'établissement des pécules fit déroger à la règle : *ignoranti possessio non adquiritur* et le maître put acquérir à son insu la possession d'une chose que l'esclave appréhendait *ex peculiari causa*, c'est-à-dire en vertu d'une cause se rattachant à l'administration du pécule.

Paul, dans le Fragment 1 § 5, 41, 2, nous donne une explication de cette dérogation : « *Quia nostra voluntate intelligantur possidere, qui eis peculium habere permiserimus.* »

En concédant un pécule, le maître a manifesté d'avance son *animus possidendi*, son intention d'acquérir la possession *ex causa peculiari.*

Le même jurisconsulte, dans le Fragment 3 § 12, eodem. tit., en fournit une autre explication qui le met en contradiction avec ce qu'il vient de dire. *Videmur eas eorumdem* (c'est-à-dire *servorum*) *et animo et corpore possidere.* Le maître emprunte ici l'*animus* de son esclave. De ces deux explications inconciliables, nous préférons la seconde qui nous paraît d'ailleurs appuyée sur d'autres textes. Ainsi, un *infans*, une cité, un fou acquièrent la possession *ex peculiari causa* par leurs esclaves, et cependant ils sont absolument dépourvus d'*animus*, ils n'ont pas constitué eux-mêmes le pécule (Fr. 1 § 22, 41, 2 D.)

Si maintenant on se demande pour quelle raison fut admise cette dérogation au droit commun, la réponse à la question se trouve dans le Fragment 44 § 1 eod. tit. On ne voulait pas, nous dit Papinien, obliger les maîtres à descendre à chaque instant dans les détails de l'administration des pécules.

§ 2

Tradition faite à un fils de famille.

Comme les esclaves, les fils de famille acquièrent la propriété pour le *pater familias invito et
ignoranti*. (G. II, § 87.)

Quant à la possession, la question avait été
controversée tout d'abord parce qu'on ne les pos-
sédait pas eux-mêmes, « *quia ipsos non possidemus* » mais on finit par admettre la possibilité de
l'acquérir par eux (G. II, § 90 ; — Fr. 1 § 8, 41,
2 D.) à la condition de rencontrer chez le père
l'*animus sibi habendi*. Nous avons vu plus haut
le motif de cette différence entre l'acquisition de
la propriété et de la possession.

L'*animus* du père n'était pas exigé lorsque le
fils acquérait *ex peculiari causa*.

Cette dérogation au droit commun s'explique et
se justifie comme celle qui fut faite à propos de
l'esclave.

Le droit romain primitif n'aurait donc fait aucune
différence entre les acquisitions d'un *filius familias*
et celles d'un esclave. Le père et le maître acquéraient tout. Mais cette ressemblance disparut avec
l'introduction des pécules qui permirent aux fils
de famille d'avoir des biens en propre.

On ne leur accorda tout d'abord qu'un pécule

dit: *profectice* dont ils avaient la simple administration, la propriété résidant sur la tête du *pater
familias* qui profitait de toutes les acquisitions. Il
faut arriver au règne d'Auguste pour voir les fils de
famille capables, par la création du pécule *cas-
trans*, d'avoir une fortune personnelle. Ce pécule
comprenait les biens qu'ils pouvaient acquérir
pendant leur service militaire et provenant soit de
leur part de butin, soit d'économies sur leur solde,
soit de donations. Ils étaient, relativement à ce
pécule, assimilés à des *paters familias ;* ils en
avaient la pleine propriété et pouvaient, après
Adrien, en disposer par testament.

Constantin, en 321, accorda le même droit aux
fils de famille qui étaient employés dans son palais
et aux avocats. Ils purent former avec les économies réalisées sur leur traitement et avec les dons
reçus, un pécule appelé *quasi-castrans* dont ils
eurent la pleine propriété. Enfin apparut le pécule
adventice qui, restreint d'abord aux biens provenant de la mère, fut dans la suite étendu à toutes
les libéralités reçues par le fils et à toutes les acquisitions provenant de son travail. Celui-ci en
avait la nu-propriété et le père l'usufruit. On
est donc arrivé à séparer parfaitement la personnalité du père de celle du fils et l'on peut dire sous
Justinien que les fils de famille acquièrent pour
eux-mêmes, sauf les cas où ils agissent comme re-
présentants du *pater familias* et où l'acquisition
se fait au moyen de biens appartenant à ce dernier.

Il nous reste à parler de deux classes de personnes en puissance, sur lesquelles nous dirons peu de chose.

§ 3

Tradition faite à une femme in manu.

La femme qui tombe *in manum mariti*, sort de sa famille et entre dans celle de son mari avec ses biens. Les textes nous disent qu'elle est *loco filiæ*. Dès lors toutes les acquisitions faites par tradition appartiennent au mari. (G. 1 §§ 108 et suiv.)

La *manus*, tombée peu à peu en désuétude, a disparu après Marc-Aurèle.

§ 4

Tradition faite à un homme libre acquis par mancipation.

Dans une acception toute spéciale, le mot *mancipium* désigne un état de soumission dans lequel peuvent se trouver même des citoyens romains vis-à-vis d'un autre citoyen romain, état de soumission qui tient le milieu entre la liberté et l'esclavage.

Le *dominus* acquiert tout ce que l'homme *in mancipio* reçoit par tradition. (G. 2 §§ 86, 90.)

Relativement à la possession, la question de savoir si l'on peut l'acquérir par les personnes qu'on a *in manu* ou *in mancipio* avait été controversée au dire de Gaïus, *quia ipsas non possidemus*, (G. 2, § 90,) parce que ces personnes n'étaient pas considérées comme pouvant faire l'objet d'une véritable possession.

Mais ce doute disparut et on admit la possibilité d'acquérir par elles la possession, tout comme on avait reconnu au fils de famille la faculté de l'acquérir pour son père.

Cette assimilation fut exacte, notamment pour la femme qui était *loco filiæ*.

CHAPITRE III

Des modalités dont la tradition est susceptible

L'effet ordinaire de la tradition est la translation immédiate de la possession et de la propriété ; mais cet effet peut être restrein t par une condition ou un terme.

Occupons-nous successivement de ces deux modalités qui comportent elles-mêmes une subdivision.

SECTION I

DE LA TRADITION FAITE SOUS CONDITION SUSPENSIVE

La condition suspensive est une clause par laquelle les parties subordonnent l'existence définitive d'un rapport de droit à l'arrivée d'un évènement futur et incertain. Elle est exclue formellement des *actus legitimi*, tels que la *mancipatio*, l'*in jure cessio* et l'*adjudicatio*. « *Actus legitimi*, nous dit le Fragment 77, 50, 17 D, *in totum vitiantur per temporis, vel conditionis adjectionem.* »

Cette différence avec la tradition s'explique par les formalités exigées pour la validité de ces actes et la solennité des paroles prononcées par les parties. Dans la *mancipatio*, l'acquéreur affirme que la chose lui appartient : « *Aïo hanc rem esse meam ex jure quiritium.* » Telle est la formule employée.

Il est *hic et nunc* propriétaire ou il ne l'est pas. Il invoque un droit actuel dont l'existence ne peut être retardée par une condition ou un terme.

L'*in jure cessio* est un procès fictif en revendication. L'acquéreur réclame comme sienne une chose que lui transmet le vendeur, mais cette réclamation est fondée sur un droit actuel et certain dont l'existence ne peut pas davantage être retardée, sous peine de faire naître une contradiction entre les paroles prononcées par les parties et la réalité des faits.

Dans l'*adjudicatio*, l'attribution de propriété résulte d'une décision du juge ; or, par leur nature même, toutes les décisions du pouvoir judiciaire doivent être absolues.

A côté de la règle édictée par le Fragment 77, nous en trouvons une autre dans le Fragment 195, 50, 17, ainsi conçue : *Expressa nocent, non expressa nocent.*

Elle signifie que si les parties ne peuvent pas insérer dans la formule de ces actes solennels un terme ou une condition, à peine de nullité, elles peuvent du moins, par un pacte *in continenti* qui n'apparaîtra pas dans la formule, subordonner à un terme ou à une condition suspensifs la transmission de la propriété.

La condition snspensive est expresse ou tacite.

§ 1

Condition suspensive expresse.

La nature de la tradition ne s'oppose pas à l'adjonction de cette modalité.

Les éléments essentiels de ce *modus acquirendi* sont en effet le *corpus* et la *justa causa*. Or, rien n'empêche que l'élément matériel réalisé, la livraison de la chose faite, les parties subordonnent leur intention respective d'aliéner et d'acquérir à l'arrivée de tel évènement. C'est ce que constatent plusieurs textes notamment le Fragment 8, de *reb. cred.* 12, 1 D.

Lorsque la condition se réalisera, le transfert de la propriété aura lieu de plein droit sans qu'il soit besoin d'aucun acte ou manifestation ultérieurs. (F. 2 § 5, 39, 5 D.)

Pendente conditione quelle va être la situation respective de l'aliénateur et de l'acquéreur ?

L'*accipiens* à qui on a remis la chose en a-t-il la possession civile donnant droit aux interdits ? En est-il simplement détenteur ?

Un auteur allemand, Sell, ne lui accorde que la simple détention, et voici par quel raisonnement il est amené à admettre cette solution: d'après lui, la tradition est le transport de la possession, et le transfert de la propriété n'en est qu'une conséquence. Si donc on soumet à une condition la tradition, la translation de la propriété, on y soumet par cela même le transfert de la possession.

Cette opinion est partagée par quelques interprètes qui invoquent dans leur sens le Fragment 38 § 1, 41, 2, lequel semble assimiler d'une façon absolue la tradition de la propriété et la tradition de la possession. « *Si quis*, dit-il, *possessionem fundi ita tradiderit, ut ita demum cedere ea dicat, si ipsius fundus esset : non videtur possessio tradita, si fundus alienus sit. Hoc amplius existimandum est, possessiones sub conditione tradi posse, sicut res sub conditione traduntur, neque aliter accipientis fiunt, quam conditio extiterit.* »

On donne à ce texte une portée qu'il n'a pas. Il signifie simplement que les parties peuvent suspendre l'acquisition de la possession comme celle de la propriété, mais on ne saurait voir dans ses termes la preuve que l'acquéreur sous condition suspensive n'a pas la possession civile de la chose qui lui a été livrée.

Quant au raisonnement de M. Sell, nous ne le croyons pas exact. La conséquence qu'il attache au transport de la possession ne se produit pas toujours; souvent les parties n'ont pas voulu transférer la propriété en transférant la possession, et il faut, surtout en cette matière, se référer à leur intention.

Lors donc qu'en subordonnant le transfert de la propriété à la réalisation d'une condition, elles n'auront rien dit relativement au transport de la possession, il s'opérera au profit de l'*accipiens* qui aura l'exercice des interdits contre le *tradens* lui-même au cas où il voudrait violer la convention intervenue entre eux.

Cette opinion trouve d'ailleurs un argument dans le § 111 des Fragments du Vatican. Un futur mari a reçu *ante nuptias* la chose d'autrui avec estimation. L'usucapion, dit le texte, qui, dans ce cas, procède *ex empto*, ne lui sera pas permise avant le mariage, la vente étant suspendue jusqu'à sa conclusion. « Cette manière de raisonner, ajoute

« M. Bufnoir, suppose évidemment que le futur
« mari, à qui tradition conditionnelle a été faite,
« est devenu immédiatement possesseur ; autre-
« ment on ne motiverait pas le refus d'usucapion
« sur l'absence de *justa causa*, chose relativement
« secondaire, mais sur la considération bien plus
« radicale de l'absence de possession. »

La lecture de ce paragraphe démontre en outre
que l'*accipiens* ne peut jamais usucaper *pendente
conditione* faute de la *justa causa usucapionis*
qui n'existe qu'à l'arrivée de la condition. Cette
solution est encore constatée dans les Fragments 2
§ 2 *pro emptore* 41, 4 et 4 pr. 18, 2 D.

Quant au *tradens*, il demeure propriétaire jusqu'à l'arrivée de l'évènement et en cette qualité il
peut seul revendiquer la chose, si elle se trouve
entre les mains d'un tiers détenteur. Cette qualité
lui permet en outre de l'aliéner, de concéder sur
elle des droits réels. Ces actes seront-ils maintenus
lors de la réalisation de la condition ? Tout le
monde est d'accord pour admettre la négative.
On se divise sur le point de savoir à quel titre on
les annulera ? Les uns, invoquant le principe de
la rétroactivité de la condition, considèrent l'acheteur comme ayant été propriétaire du jour de la
tradition, et dès lors les droits réels qu'a pu concéder le vendeur tombent comme ayant été consentis
a non domino.

Cette opinion, qui admet la rétroactivité de la
condition dans les actes translatifs de propriété

comme dans les obligations, est en opposition avec presque tous les textes. Ils nous disent, en effet, que la propriété passe à l'acquéreur seulement (*tunc demum*) à l'arrivée de la condition, (F. 1, pr. et F 2 § 5, 39, 5 D.)

Une exception à ce principe était faite toutefois en matière de donations. L'époux donataire ne pouvait devenir propriétaire de la chose donnée qu'à la mort du donateur, et jamais de son vivant. Pour adoucir cette prohibition, on admit en sa faveur le principe de la rétroactivité de la condition avec les effets attachés.

D'autres, et nous sommes de leur avis, annulent les droits réels qu'a consentis le *tradens*, par application de la règle : « *nemo plus juris ad alium transferre potest quam ipse habet.* »

Sans doute, le *tradens* resté propriétaire peut concéder des droits réels sur la chose, mais ces actes de disposition qu'il fait, sans être absolument nuls, ne confèrent que des droits incertains, précaires, non définitifs et exposés, comme le sien propre, à s'éteindre lors de l'accomplissement de la condition.

Il n'est pas sans intérêt d'adopter telle ou telle opinion.

Dans celle que nous admettons, l'acquéreur ne peut pas *pendente conditione* aliéner valablement la chose dont il a la possession, aliénation qui sera au contraire valable si on reconnaît la rétroactivité de la condition.

De plus, dans notre système, les acquisitions et le part de l'esclave aliénée *sub conditione* appartiennent au *tradens*, tandis que dans le système opposé ils appartiennent à l'*accipiens*.

Enfin, si l'acquéreur est *alieni juris*, il acquiert, dans notre opinion, pour celui sous la puissance duquel il se trouve au moment de l'arrivée de la condition, ou pour lui-même s'il est devenu *sui juris*, et d'après nos adversaires, toujours pour celui qui l'a sous sa puissance au moment de la tradition.

§ 2.

Condition suspensive tacite.

La condition n'est pas toujours stipulée par les parties. Elle est parfois tacite. Ainsi, lorsqu'une tradition est faite à suite d'une constitution de dot, le transfert de la propriété est subordonné à une condition sous-entendue : la célébration du mariage.

Le § 41 des Institutes II, I en renferme aussi un exemple.

Examinons-le en détail.

Il contient deux propositions.

Aux termes de la première, les choses vendues et livrées ne deviennent la propriété de l'acheteur qu'autant que celui-ci en a payé le prix, ou a fourni une satisfaction d'un autre genre.

6

Aux termes de la seconde, lorsque le vendeur a suivi la foi de l'acheteur, celui-ci devient immédiatement propriétaire.

Dans les deux cas, il y a eu vente suivie de tradition et non payement du prix. Or, dans le premier, le texte décide que la chose vendue n'est pas devenue la propriété de l'*accipiens*, tandis que dans le second il admet une solution contraire.

Comment expliquer cette contradiction apparente ?

La première proposition suppose une vente au comptant faite sous la condition tacite que le prix sera payé immédiatement ou qu'une satisfaction d'un autre genre sera fournie au vendeur. Celui-ci n'a pas eu confiance dans la solvabilité de l'acquéreur. La tradition ne transférera dès lors la propriété à l'*accipiens* qu'à l'arrivée de la condition, après le payement du prix, car la *justa causa* ou intention respective d'aliéner et d'acquérir n'existera pas avant.

La seconde proposition, au contraire, suppose que le vendeur a suivi la foi de l'acheteur, c'est-à-dire lui a accordé un terme pour le payement du prix, confiant dans sa solvabilité. Il lui a abandonné son droit de propriété pour acquérir en retour un droit de créance. La tradition a été *ab initio* translative de propriété, la *justa causa* n'étant soumise à aucune condition.

Il n'y a donc pas antinomie entre les deux pro-

positions du § 41. Leurs hypothèses ne sont pas
les mêmes. L'une vise une tradition faite en exécution d'une vente au comptant, l'autre une tradition à suite d'une vente à terme dont les règles
sont différentes.

Etudions-les séparément.

1. — *Tradition faite en exécution d'une vente
au comptant.* Tandis qu'en droit français vendre et
aliéner sont en général synonymes, le droit romain
distinguait soigneusement entre ces deux opérations juridiques. La vente ne transférait pas par
elle-même la propriété à Rome. Le vendeur ne
s'obligeait qu'à faire avoir la possession paisible
de la chose à l'acheteur, à la lui livrer et à le garantir de tous troubles. Maintenant celui-ci acquérait la propriété lorsque le vendeur était le
véritable propriétaire de l'objet. La vente étant
en effet un contrat de bonne foi, le vendeur ne
pouvait retenir aucun droit sur la chose livrée,
sous peine de commettre un dol. L'acheteur s'en-
gageait de son côté à prendre livraison et à payer
le prix.

Telles étaient les obligations générales des
parties dans un contrat de vente.

Dans le cas spécial qui nous occupe, c'est-à-
dire dans une vente au comptant, l'acheteur qui a
pris livraison d'une chose, n'en est pas propriétaire tant que la condition n'est pas réalisée, tant
que le prix n'est pas payé; et en décidant ainsi on

tient compte de l'intention présumée de l'autre partie qui s'est obligée à transférer ses droits sur la chose seulement en vue et à cause du prix qu'elle compte recevoir. Disons en passant que nous regrettons l'absence dans notre Code civil (art. 1583) de cette distinction fort raisonnable faite par le droit romain.

L'acheteur a *pendente conditione*, comme l'acquéreur sous condition suspensive expresse, la *possessio ad interdicta* qui lui permet d'user des interdits contre toute personne, sauf le vendeur. Il peut satisfaire ce dernier autrement que par le payement du prix, en lui fournissant, par exemple, un *expromissor*, ou un gage, une hypothèque ou un fidéjusseur, et plus généralement un *intercessor*, c'est-à-dire un tiers venant garantir accessoirement son obligation.

Le vendeur, tant que le prix n'est pas payé ou qu'une de ces garanties n'est pas fournie, reste propriétaire et peut revendiquer la chose entre les mains de l'acheteur.

Cette revendication ne résout pas le contrat de vente et ne fait que remettre les parties dans l'état antérieur à la tradition.

L'acheteur peut, en offrant de payer le prix, forcer le vendeur à lui livrer la chose, et celui-ci, de son côté, a le droit de poursuivre l'acheteur pour l'obliger à prendre livraison et à payer. Lorsque le vendeur veut se réserver la faculté de faire résoudre la vente, en cas de non payement du prix, il doit joindre à ce contrat la *lex commissoria* : pacte qui résout la vente dans le cas où l'acheteur ne paye pas le prix. Ce pacte fait corps avec le contrat et est protégé par la même action. Dès lors, si le vendeur n'est pas payé, il invoque le pacte et fait résoudre la vente par l'*actio venditi*, ou *præscriptis verbis*.

Cette première disposition du § 41 a été empruntée, nous dit Justinien, à la loi des Douze Tables qui avait consacré en l'édictant une règle du droit naturel et tenu compte de l'intention présumée des parties.

Malgré cette affirmation aussi formelle, certains commentateurs ont contesté une pareille origine et ont prétendu que cette loi se référait à la mancipation et non à la tradition, qui n'était pas encore un mode de transfert de la propriété. Justinien aurait donc commis une erreur en remplaçant dans le texte la mancipation par la tradition. Il suffit, pour réfuter une semblable doctrine, de se rappeler que la tradition transférait la propriété des *res nec mancipi* avant l'époque de la loi des Douze Tables, dès que Servius Tullius eut créé la distinction entre les *res mancipi* et les *res nec mancipi*.

2. — *Tradition faite en exécution d'une vente avec terme pour le payement du prix.* Le vendeur a suivi la foi de l'acheteur, c'est-à-dire lui a accordé un terme pour le payement du prix. Dans ce cas, nous dit le § 41 *in f.* l'acheteur devient pro-

priétaire au moment où la tradition lui est faite par le vendeur... *statim rem emptoris fieri*.....

L'adjonction d'un pacte commissoire ne retarde pas le transfert de propriété. Seulement, à l'expiration du terme, le vendeur peut faire résoudre la vente ou réclamer le prix ; mais son choix fait, il ne peut plus changer... *nec posse, si commissoriam elegit, postea variare.* (F. 4 § 2, 18, 3 D.)

L'action en résolution accordée au vendeur étant personnelle, ne lui confère ni droit de préférence ni droit de suite. Il en résulte que si la chose a été aliénée, il devra concourir avec les autres créanciers de l'acheteur et sera dès lors exposé à l'insolvabilité de celui-ci. Pour parer à cet inconvénient, on lui permet de joindre à la *lex commissoria* un pacte spécial appelé par les interprètes : *pactum reservati dominii*, par lequel il déclare vouloir rester propriétaire jusqu'au payement du prix. Il peut alors, en vertu de sa qualité, revendiquer la chose entre les mains de tout détenteur, si l'acheteur ne paye pas au terme convenu. Quant à ce dernier, il est investi de la possession civile qui se transformera en propriété par l'exécution de son obligation.

SECTION II

DE LA TRADITION FAITE SOUS CONDITION RÉSOLUTOIRE

La condition résolutoire est une clause par laquelle les parties subordonnent l'extinction d'un rapport de droit à l'arrivée d'un évènement futur et incertain.

Les parties pouvaient-elles, dans le droit romain, avoir l'intention de transférer et de recevoir la propriété d'une chose jusqu'à ce que tel évènement arrivât ?

Leur était-il permis de convenir que le droit conféré à l'acquéreur s'éteindrait et ferait de plein droit retour à l'aliénateur, lorsqu'une condition se réaliserait ?

En d'autres termes, le transfert de la propriété sous condition résolutoire était-il valable ?

Cette question, très controversée entre les interprètes, a donné naissance à trois opinions.

Une première opinion, qui compte dans ses rangs M. Maynz (1), soutient que la propriété n'a jamais pu être transférée à Rome sous condition résolutoire.

Une seconde opinion, proposée par M. de Wan-

(1) *Eléments de Droit Romain*, tome I, §§ 164 et 180, 3ᵉ édition.

gerow et adoptée par la majorité de l'école alle-
mande, admet, au contraire, à toutes les époques,
la possibilité de transférer la propriété sous condition résolutoire, et son retransfert *ipso jure* sur
la tête du *tradens* à l'arrivée de l'évènement. D'a-
près elle, Ulpien, loin d'innover, constaterait simplement le droit commun.

Entre ces deux opinions aussi absolues l'une
que l'autre, chacune dans un sens opposé, s'en
place une troisième à laquelle nous nous rallions,
qui distingue suivant les époques. La possibilité
de transférer la propriété sous condition résolutoire n'existant pas dans l'ancien droit, aurait été
proposée à l'époque classique par des jurisconsultes
progressistes et définitivement reconnue sous Justinien.

Il existe en ce sens des textes formels, notamment
le § 283 des Frag. vat. ainsi conçu : *Si stipendiario-
rum prædiorum proprietatem dono dedisti, ita ut
post mortem ejus qui accepit ad te rediret, donatio
irrita est, cum ad tempus proprietas transferri ne-
quiverit.* »

En outre, dans le Fragment 39, 39, 6 D, Paul
suppose qu'on a donné un esclave *mortis causa* ;
le donataire affranchit l'esclave, mais le donateur
revient à la santé; le donataire *tenetur condictione
in pretium servi*, *quoniam scit posse sibi condici, si
convaluerit donator*.

Comment en présence de semblables affirmations,

oser soutenir, comme le fait M. de Wangerow, que la propriété a pu de tout temps être transférée sous condition résolutoire ?

Mais si ces décisions ne font pas de doute pour nous, il est bon d'en indiquer les divers motifs. Pourquoi la propriété ne pouvait-elle pas, à l'origine, être transmise sous condition résolutoire ?

Ce droit a en lui-même sa *causa perpetua*, son principe d'existence, et ne peut pas s'éteindre par le seul fait du non exercice par le titulaire.

« La propriété, nous dit M. Bufnoir, apparais-
« sait aux jurisconsultes romains comme un droit
« absolu, par suite non susceptible d'être limité
« dans sa durée : l'établir *ad conditionem* aurait
« été l'établir avec une chance d'extinction *tem-*
« *pore*, chose contraire à son essence. Sans doute
« le propriétaire peut faire cesser la propriété en
« sa personne en la transférant à autrui, mais
« c'est là l'exercice suprême plutôt que la fin de
« son droit ; il peut aussi, en la transférant *sub*
« *conditione*, ne garder qu'une propriété soumise
« à une chance d'extinction *tempore* ; ce n'est là
« encore que la suite de la disposition qu'il en fait
« lui-même. Ce qui est impossible, c'est de limiter
« *ab initio* la propriété dans les mains de celui qui
« l'acquiert, de telle façon qu'il n'ait jamais reçu
« qu'un *dominium* conditionnellement temporaire. »

La seconde raison se rattache à un autre ordre d'idées.

Les mutations de propriété étaient environnées,

à Rome, de formalités exigées à peine de nullité.
Parfois même le pouvoir public intervenait pour
donner encore plus de solennité à l'acte. On ne
comprenait pas que la propriété put passer d'une
personne à une autre par le fait seul de leur volonté
et on voulait frapper leurs sens. Sous l'influence
de ces idées formalistes, tout effet translatif fut
refusé au pacte résolutoire qui, n'étant qu'un accord de volontés, se trouvait, par sa nature, dépourvu de toute publicité.

Tels sont les deux motifs sur lesquels s'appuyait
la décision des premiers jurisconsultes, consacrée
par Dioclétien § 283, Frag. Vat.

Si la condition résolutoire ne pouvait pas affecter la propriété considérée en elle-même, elle pouvait du moins porter sur le contrat qui motivait
la transmission de la propriété. L'*accipiens* devenait propriétaire purement et simplement, mais
était obligé, à l'arrivée de la condition, de retransférer la propriété au *tradens*. Celui-ci avait pour
l'y forcer une *condictio* ou une action de bonne
foi, selon la nature du contrat. La propriété n'é-
tait jamais résolue de plein droit.

On fit application de ces principes à plusieurs
actes, notamment à la vente à laquelle on joignait
la *lex commissoria* ou l'*in diem addictio* : clause
par laquelle le vendeur stipulait que la vente serait résolue si, dans un délai déterminé, il trouvait un marché plus avantageux. A l'arrivée de
la condition, il avait contre l'acquéreur, pour l'o-

bliger à lui retransférer la propriété, l'*actio venditi* ou l'*actio præscriptis verbis* (C. 2, 4, 54.)

Cette Constitution, en lui donnant le choix, tranche une controverse qui s'était élevée entre les Sabiniens et les Proculiens sur le point de savoir laquelle de ces deux actions personnelles compétait au vendeur. Cette action personnelle accordée au *tradens* le rendait, lorsqu'il l'exerçait, l'ayant-cause de l'*accipiens* et l'obligeait, à ce titre, à respecter les droits réels établis sur la chose par ce dernier dans l'intervalle. N'ayant ni droit de préférence, ni droit de suite, il ne pouvait pas revendiquer la chose entre les mains d'un tiers détenteur et devait subir le concours des autres créanciers si l'*accipiens* était insolvable.

Ces nombreux inconvénients éveillèrent l'attention des jurisconsultes qui, à la fin de l'époque classique, commencèrent à battre en brèche la théorie admise jusqu'alors.

Ulpien, le premier, dans le Fragment 29, 39, 6 D, met en avant la doctrine du retour de la propriété *ipso jure* au *tradens*, quand elle a été transférée sous une condition résolutoire qui s'est accomplie. Il donne à l'ancien propriétaire la *rei vindicatio*, pour reprendre la chose entre les mains de l'*accipiens*, ou de tout autre tiers, libre de toutes charges.

Les expressions employées par le jurisconsulte « *potest defendi in rem competere* » trahissent son hésitation à introduire une doctrine si

opposée aux principes du vieux droit romain. Il
la renouvelle dans le Fragment 41, 6, 1 D, et
dans le Fragment 4 § 3 *de in diem addictione*, il
décide, avec Marcellus, que les hypothèques consenties par l'acheteur sous condition résolutoire
tomberont à l'arrivée de la condition.

Cet état de droit qui nous explique les solutions différentes que nous rencontrons dans les
textes, fut consacré par quelques Constitutions
d'empereurs, et Justinien, en accordant définitivement au *tradens* la revendication, ne fit que confirmer ce qui avait déjà lieu depuis quelque
temps. Cette nouvelle doctrine est constatée dans
la C. 2, 8,55 qui, voulant reproduire la Constitution de Dioclétien contenue dans le § 283, Frag.
Vat. dit le contraire de ce paragraphe.

Les rédacteurs du code, avec un étrange scru-
pule de fidélité historique, ont laissé à la Constitution le nom de son auteur, tout en la modifiant pour
la mettre en rapport avec la nouvelle théorie.

La succession historique des progrès de droit
dans l'admission de la condition résolutoire jointe
à la tradition étant ainsi connue, étudions-en les
effets.

Dans l'ancien droit, l'aliénation faite sous condition résolutoire était nulle toute entière et ne
dépouillait pas le *tradens* de la propriété. (§ 283.
Frag. Vat.)

Cette solution peut d'ailleurs se justifier. La
tradition n'eut transmis dans ce cas qu'un droit

temporaire, différent du droit de propriété perpétuel de son essence. Lorsque la condition frappait le contrat lui-même, nous avons vu quels en étaient les effets, quelle était la position respective des parties.

Posons-nous les mêmes questions à l'époque de Justinien, alors que la réalisation de la condition retransférait *ipso jure* la propriété au *tradens*.

Pendente conditione, l'aliénation est valable *ab initio* et est considérée comme pure et simple. Le Fragment 2 pr. 18, 2 D, fait application de ce principe à la vente... *erit pura emptio quæ sub conditione resolvitur*. Le *tradens* abandonne tous ses droits à l'*accipiens* qui devient propriétaire, a l'action en revendication, et peut disposer de la chose ou consentir sur elle des droits réels. Si la condition ne se réalise pas, rien ne sera changé au *statu quo*, et l'*accipiens* sera définitivement à l'abri de la revendication du *tradens*. Mais si elle se réalise, la situation va changer. A partir de ce moment, l'*accipiens* a perdu tout droit et le *tradens* est redevenu propriétaire. A côté de la *rei vindicatio*, il a encore pour reprendre la chose une *condictio* qu'il aura intérêt à intenter dans les cas suivants : 1° Si, par exemple, il a livré la chose d'autrui et si l'*accipiens* l'a usucapée *pendente conditione*, l'action en revendication ne sera pas recevable et sera utilement remplacée par une action personnelle basée sur la résolution du contrat. (Fr. 13 pr. 39, 6, D.) 2° La réalisation de la condition devant replacer

les parties dans la même situation que si elles n'avaient jamais contracté, le *tradens* aura droit à la restitution des fruits perçus *pendente conditione* par l'*accipiens*. Seulement, il ne pourra pas les revendiquer, et la *condictio* seule lui permettra de les réclamer à l'*accipiens*.

Cette nécessité pour le *tradens* d'avoir recours, dans ce dernier cas, à une action personnelle tient à la non-rétroactivité de la condition résolutoire. Ce dernier point est formellement établi par les textes, notamment le Fragment 4 § 3, 18, 2 D, dans lequel Ulpien, après avoir dit que les hypothèques constituées par l'*accipiens pendente conditione* cessent d'avoir leur effet à partir de la condition réalisée, en tire la conséquence que celui-ci a été propriétaire dans l'intervalle.

Les droits consentis sur l'immeuble par l'*accipiens* sous condition résolutoire tombent par application du principe : *Resoluto jure dantis resolvitur jus accipientis.*

Les actes par lesquels le *tradens* a disposé de la chose *pendente conditione* ou l'a grevée de droits réels ont été consentis à *non domino* et sont traités comme tels.

SECTION III

DE LA TRADITION FAITE A TERME

Le terme se présente sous deux aspects différents. Tantôt il retarde l'exécution d'un droit jusqu'à l'arrivée d'un évènement futur mais certain, et dans ce cas il est dit : *Terme suspensif.*

Tantôt, au contraire, il doit, à son échéance, faire cesser les effets d'un rapport de droit existant. On le nomme alors : *Terme extinctif.*

Le terme suspensif comme la condition suspensive peuvent affecter la tradition. C'était une conséquence du principe qui, dans ce mode d'acquisition de la propriété, rapportait tout à l'intention des parties.

Quant au terme extinctif, les raisons invoquées contre l'admission de la condition résolutoire le firent rejeter dans l'ancien Droit romain, « *ad tempus proprietas transferri nequit.* »

Tout ce que nous avons dit dans la Section II à propos de la condition résolutoire, trouve ici son application.

La possibilité de transférer la propriété *ad tempus* et son retour *ipso jure* sur la tête du *tradens* à l'expiration du terme, fut définitivement reconnue par Justinien.

On reproche à cette nouvelle théorie de faire

échec à l'ancienne règle romaine : « *traditionibus, non nudis pactis, dominia rerum transferuntur* » puisque la propriété revient au *tradens* sans le secours d'aucune tradition.

Il est facile de concilier ces deux principes. Dès qu'il est admis que la propriété est susceptible de limitation quant à sa durée, si les parties la transfèrent à terme ou sous condition résolutoire, la tradition ne la transmettra que dans la mesure et dans les limites déterminées par ces modalités. Lors de l'expiration du terme ou de la réalisation de la condition, la propriété cessera forcément d'appartenir à l'*accipiens* et reviendra au *tradens* sans qu'aucune rétrocession soit nécessaire. Elle est même théoriquement impossible. Comment comprendre, en effet, que l'*accipiens* puisse rétrocéder au *tradens* un droit qui, temporaire, s'est éteint en arrivant aux limites imposées à sa durée, dont, par suite, il n'est plus investi ?

TROISIÈME PARTIE

DE LA QUASI-TRADITION

La tradition supposant la remise de la possession ne s'appliquait qu'aux choses susceptibles de possession, c'est-à-dire aux choses corporelles. *Possideri autem possunt quæ sunt corporalia. Nec possideri intelligitur jus incorporale.* (Fr. 3, pr. 41, 2. — Fr. 4, § 27, 41, 3 D.)

Cette règle n'exista pas de tout temps dans le Droit romain et la possession des servitudes, choses incorporelles par excellence, dut être permise à l'origine, puisque la loi *Scribonia* vint en prohiber l'usucapion. (Fr. 4 § 29, 41, 3 D.)

Cette défense provint de l'analyse rationnelle de la possession faite par les jurisconsultes qui, reconnaissant en elle deux éléments : le *corpus* et l'*animus* et s'attachant rigoureusement au sens des mots, rejetèrent hors de sa sphère d'application les choses qui n'avaient pas de corps. Ainsi s'explique la règle formulée plus haut, et on en conclut

7

que les droits réels étant incorporels n'étaient pas susceptibles de possession. Cette conséquence reconnue vraie pour les démembrements de la propriété ne fut pas admise pour le droit de propriété, tout aussi incorporel que les autres droits.

Cette anomalie trouva sa cause dans l'influence exercée par le langage sur l'esprit des jurisconsultes. Ainsi on disait : cette chose est à moi, au lieu de : j'ai le droit de propriété sur cette chose. On confondait le droit et son objet, confusion due à la nature de la propriété qui est le droit le plus absolu qu'on puisse avoir sur une chose. Il en résulta que le droit de propriété fut, comme son objet, rangé dans la classe des choses corporelles, par suite susceptible de possession et de tradition.

Pareille confusion ne se produisit pas à l'égard des autres droits réels qui étaient des fractions, des démembrements du droit de propriété et qu'on désignait par ces mots : j'ai un droit de servitude sur telle chose.

Insusceptibles de possession, ils ne pouvaient pas être acquis par tradition. Aux termes du § 47, Frag. Vatic. qui doit s'appliquer à toutes les servitudes, on ne pouvait pas non plus se réserver un de ces droits dans la tradition d'une *res nec mancipi*, et cela parce que les servitudes, provenant du Droit civil, ne pouvaient être constituées, ni directement, ni indirectement, par un mode d'acquisition du droit des gens. La *mancipatio*, *l'in jure cessio*, *l'adjudicatio*, tels étaient les modes servant à leur établissement. Cependant, les parties qui ne voulaient pas recourir aux formalités gênantes de ces modes solennels, arrivaient par un détour à établir une servitude. Celui qui voulait l'acquérir stipulait, en l'achetant de son vendeur, une certaine somme pour le cas où il l'entraverait dans l'exercice de son droit. Ce n'était pas un droit réel, mais une simple obligation garantie par *l'actio ex stipulatu* au profit de l'acheteur. (Fr. 20. de *Servit.*)

La théorie admise par les premiers jurisconsultes était erronée. On pouvait leur reprocher d'avoir mal posé la question. Il ne s'agissait pas de savoir si la propriété, si les autres droits pouvaient être l'objet de la possession, car nul d'entre eux n'en était susceptible. Il fallait se demander si on admettait la possession d'une chose corporelle, et l'affirmative devait être adoptée, soit que la possession fût l'exercice correspondant au droit de propriété, soit qu'elle fût l'exercice correspondant à des droits moins étendus, comme les servitudes. Est-ce qu'une chose corporelle, objet du droit de propriété, cesse d'être corporelle si elle est soumise à une servitude?

La possession des servitudes était donc une véritable possession, mais le préteur, n'osant pas détruire ouvertement les règles du Droit civil, lui donna le nom de quasi-possession. Elle dut se composer des mêmes éléments que la possession proprement dite, du *corpus* et de l'*animus*.

Le *corpus* consista dans l'exercice de la servitude ; l'*animus* dans l'intention de l'exercer pour soi, à titre de droit.

DES SERVITUDES RÉELLES

Pour bien comprendre comment s'acquiert leur quasi-possession, il faut distinguer les servitudes positives des servitudes négatives.

Les premières sont possédées du moment où l'on accomplit au moins une fois l'acte constitutif de la servitude, par exemple en passant sur le fonds du voisin, où l'on construit l'ouvrage qu'on a le droit d'avoir sur le fonds voisin, pourvu toutefois qu'on agisse avec la prétention d'user d'un droit. (Fr. 25, *quemad. servit.*)

La quasi-possession des secondes est acquise par le fait de l'inaction du propriétaire ou possesseur du fonds asservi, inaction qui doit être motivée par un titre ; c'est ainsi que l'on acquiert la quasi-possession de la servitude *altius non tollendi* par cela seul qu'on en a obtenu la concession et que le voisin n'élève pas sa construction.

La conséquence forcée de l'admission de la quasi-possession des servitudes fut la possibilité de les constituer par la quasi-tradition.

Il est question de ce nouveau mode de constitution, création prétorienne, dans le Fr. 11 § 1, *de
publ. in rem.* et 1 § 2 *de servit. præd. rustic.* La
quasi-tradition est réputée accomplie par la
patientia ou consentement de celui qui cède le
droit· et par l'*usus* ou l'exercice de celui qui
l'acquiert. Mais comment reconnaîtra-t-on que le
possesseur agit *animo domini*, à titre de droit et
non pas simplement à titre de tolérance, en vertu
d'une permission gracieuse et révocable ? Lorsque
la *justa causa* ou intention respective d'aliéner et
d'acquérir la servitude apparaîtra clairement.

D'autres conditions sont exigées pour la création d'un droit de servitude. Ainsi le constituant
doit être propriétaire du fonds asservi et capable
d'aliéner. L'acquéreur doit être capable d'acquérir
et avoir un fonds auquel puisse profiter la servitude.

La quasi-tradition comporte l'adjonction d'un
dies à quo ou d'une condition *ex quâ.* (Fr. 48, *de
Pactis.*)

Les servitudes réelles pouvaient être acquises
indirectement en les retenant dans la tradition
d'un immeuble.

Constituées directement ou indirectement, elles
n'existaient que *jure prætorio* et à ce titre étaient
protégées par des garanties prétoriennes, soit par
une action confessoire utile, soit par une exception.
(Fr. 16, *si serv. vind.*)

Sous Justinien, qui fondit le droit civil et le

droit prétorien, la quasi-tradition devint un mode d'acquisition des servitudes protégé par les garanties civiles.

DES SERVITUDES PERSONNELLES

Leur quasi-possession ne s'acquiert pas comme celle des servitudes réelles, et cette différence tient à leur caractère particulier. Leur exercice se combine en effet avec la possession naturelle de la chose assujettie. L'usufruitier, l'usager ne peuvent posséder leur droit, qu'autant qu'ils ont acquis la possession de l'objet soumis à l'usufruit, à l'usage. L'acquisition de leur quasi-possession s'effectue donc par les mêmes actes que celle de la possession proprement dite, et lorsqu'à la remise matérielle vient se joindre la *justa causa traditionis*, l'*accipiens* est véritablement titulaire de la servitude. Ainsi la quasi-tradition est réalisée lorsque le propriétaire déclare en présence de la chose qu'il en abandonne l'usage ou la jouissance à l'acquéreur (Fr. 3, *pr. de usuf.*), ou bien par le dépôt de la chose dans la maison de l'acquéreur, ou enfin par le seul effet de la convention lorsque l'*accipiens* a déjà la détention de la chose, comme preneur par exemple.

Une question très controversée est celle de savoir si la quasi-tradition est exigée sous Justinien pour l'acquisition des servitudes, si les pactes et stipulations ne suffisent pas pour leur donner naissance.

Sans entrer dans les détails de la discussion, bornons-nous à exposer notre système qui considère le droit réel constitué, par cela seul qu'il est intervenu entre les parties un pacte suivi de stipulation, selon le procédé indiqué dans le Fr. 20, *de Servit.*

Les Institutes elles-mêmes reconnaissent cette théorie à deux reprises différentes, au § 4, II, III et au § 1, II, IV. « *Si quis velit vicino aliquod jus constituere, pactionibus atque stipulationibus id efficere debet.* »

Comment admettre qu'elles se sont trompées deux fois ?

En outre, dès l'époque classique, l'hypothèque pouvait bien être établie par une simple convention. Pourquoi d'autres droits réels n'auraient-ils pas pu être créés par pactes et stipulations ?

Après l'assimilation du sol provincial et italique, qu'y a-t-il d'étonnant à ce que Justinien, dans un but de simplification, ait voulu étendre à tout le territoire les institutions d'une partie? Or, la quasi-tradition n'était pas exigée dans les provinces pour l'établissement d'un droit de passage, de conduite d'eau, d'usufruit... etc. Les pactes et stipulations suffisaient. Et qu'on ne vienne pas refuser à ces

droits le caractère de réels. Ils ne portaient pas, il
est vrai, le nom de servitudes, mais ils étaient
réels et la preuve en est dans le § 31, II, de
Gaïus, qui nous dit : *in provincialibus prœdiis,
sive quis usumfructum, sive jus eundi... ceteraque
jura similia constituere velit, pactionibus et stipulationibus id efficere potest.* Il emploie les mots :
constituere jura : cela signifie que le droit est
constitué, qu'il n'y a pas là une simple obligation.

DE LA PUBLICITÉ

DES

TRANSMISSIONS CONVENTIONNELLES

A TITRE ONÉREUX

DU DROIT DE PROPRIÉTÉ IMMOBILIÈRE

DANS LE DROIT FRANÇAIS, ANCIEN ET MODERNE

ANCIEN DROIT FRANÇAIS

CHAPITRE PREMIER

Droit Germanique.

Lorsque les tribus germaniques pénétrèrent dans la Gaule, elles la trouvèrent réduite en province romaine. Les règles du droit romain, surtout depuis l'extension par Caracalla du droit de cité à toutes les provinces, avaient remplacé celles du droit celtique sur lesquelles on manque de renseignements.

Il est certain que les Gaulois reconnaissaient la propriété individuelle, mais on ne sait pas comment ils la transmettaient.

L'invasion des peuples germaniques dut apporter un droit nouveau à côté de celui qui existait.

Habitués, en Germanie, à mener une vie nomade, la propriété foncière proprement dite leur était inconnue. Les magistrats et les chefs de tribu concédaient tous les ans une nouvelle portion de territoire non pas aux individus, mais aux familles, concession qui était possédée en commun.

La notion de la propriété immobilière apparaît après leur établissement dans la Gaule, lorsque les Francs eurent reçu au même titre et de la même manière les terres du Fisc et celles qu'abandonnaient les Gallo-Romains fuyant devant l'invasion. Seulement, la concession, d'annuelle, devint perpétuelle.

Les Bourguignons et les Visigoths, au lieu de s'emparer, comme les Francs, de tout le territoire, le partagèrent avec les Gallo-Romains. La portion qui leur était échue appelée: *Sors*, était inaliénable en principe.

Le bien patrimonial, l'*allode*, fut formé par ces biens provenant de la conquête, et tous les membres de la famille en eurent la copropriété. Il en résultait l'obligation pour le possesseur d'obtenir leur consentement s'il voulait l'aliéner.

Une seconde espèce de biens ne tarda pas à apparaître sous le nom d'*acquêts*, formée des acquisitions immobilières faites par les Germains soit à leurs compagnons, soit aux Gallo-Romains.

Les acquêts étaient soumis à des règles différentes de celles des propres.

Quelles étaient les formalités exigées pour la transmission de la propriété foncière dans le droit germanique ?

Le droit germanique, comme le très ancien droit coutumier, confondait la possession et la propriété. Celui qui avait la saisine d'une chose en était réputé propriétaire ; lui seul pouvait en disposer. Les modes employés pour la transmission de la saisine transmettaient donc la propriété.

La saisine se transmettait au moyen de l'ensaisinement qui pouvait résulter de trois sources différentes : l'ensaisinement judiciaire, mode entrevifs, l'ensaisinement légal ou saisine héréditaire, enfin la possession d'an et jour.

Les formalités requises pour l'ensaisinement judiciaire sont décrites au titre *de affatomiœ* de la loi Salique. Le vendeur pouvait bien se dépouiller de son droit en faveur de l'acheteur, mais l'aliénation n'était pas définitive tant que les héritiers, investis d'une saisine collective même du vivant de leur auteur, n'y avaient pas consenti. Pour atteindre ce but, le transmettant ensaisinait au moyen d'un fétu de paille, de la *festuca*, un tiers. Celui-ci faisait acte de propriétaire sur l'immeuble, y recevait des hôtes, des amis et au bout d'un an et un jour le transmettait à son tour à l'acquéreur définitif.

L'utilité de cet intermédiaire était de permettre

aux héritiers du transmettant de faire opposition
à l'aliénation à laquelle ils étaient censés consentir
en laissant passer le délai fixé sans se plaindre.

Ces formalités, dont le but principal était d'obtenir le dessaisissement des héritiers, trop longues
et trop compliquées, furent bientôt remplacées par
d'autres plus expéditives qui arrivaient au même
résultat.

Le délai de douze mois fut supprimé, et on exigea la présence des héritiers à l'aliénation à laquelle ils donnaient tout de suite leur consentement.
Il ne fut plus nécessaire de recourir à un intermédiaire. Le vendeur transmettait directement la
propriété à l'acheteur au moyen de la *festucatio*.
Les parties procédaient à cette cérémonie devant
l'assemblée cantonale (*mallum*) de tous les hommes
libres appelés *Rachim-Bourgs*, présidée par le
comte (*comes*) ou son suppléant (*vicarius*). Là, le
vendeur jetait dans le sein de celui qui se présentait comme acquéreur un fétu de paille en déclarant sa volonté de se dépouiller de son droit et de
le lui transférer. Il lui faisait aussi livraison d'une
motte de terre ou de gazon, symbole de la propriété du sol, d'une branche d'arbre ou *ramus*,
signe des produits de la superficie, d'un bâton,
couteau ou glaive, indice de l'autorité du propriétaire.

L'accomplissement de ces formalités était nécessaire pour faire passer la saisine de l'immeuble
de la tête du transmettant sur celle de l'acquéreur.

La volonté seule des parties, suivie de la tradition, aurait été impuissante à produire ce résultat. Aux yeux de la loi, le vendeur avait conservé la saisine.

La *festucatio* dessaisissait les héritiers de l'aliénateur, puisque justement ils composaient cette assemblée politique et judiciaire qui donnait à l'acquéreur l'*investitura possessionis*. Ils manifestaient publiquement leur consentement à l'aliénation.

Pour conserver la preuve du transfert de la saisine, les Francs, ignorant l'écriture, eurent d'abord recours à la preuve testimoniale. On amenait devant le *mallum* un certain nombre d'enfants auxquels on tirait les oreilles et on donnait un soufflet pour mieux graver dans leur mémoire la cérémonie de l'acte qui venait de s'accomplir devant eux.

Plus tard, la preuve écrite fut employée et on joignait à l'*instrumentum* le fétu de paille ayant servi à la *festucatio*, pour donner une preuve matérielle de son accomplissement.

La transmission de la propriété immobilière était donc organisée publiquement dans le droit germanique. Le pouvoir public intervenait à chaque aliénation et lui seul pouvait valablement transmettre la saisine d'une tête sur une autre.

Si les formalités de la *festucatio* ont été établies dans le but d'obtenir le dessaisissement des héritiers et de frapper les sens, plutôt que de protéger

les tiers, ceux-ci du moins profitaient de la publicité dont elles étaient entourées et qui les ren-
seignait sur l'état de fortune de leurs compagnons.

Disons, en terminant, que la nécessité de l'ensaisinement judiciaire passa dans notre droit
coutumier. Seulement le *mallum* des Germains
ayant disparu, nous le verrons s'accomplir, sous
une forme moins grossière, devant le pouvoir judiciaire de l'époque : les juges royaux et seigneuriaux.

CHAPITRE II

Droit Féodal.

Au droit germanique succéda le droit féodal.
Avant d'en étudier les règles relatives à la transmission de la propriété foncière, disons quelques
mots sur ce que nous croyons être l'origine de la
féodalité, de ce régime qui s'étendit sur la plus
grande partie de la France, du IXe au XIIIe
siècle.

Il n'existait dans la période germanique qu'une
seule espèce de propriété, la propriété pleine et
entière, libre de toutes charges et servitudes. Les
biens ainsi possédés étaient dits *allodes*, plus tard
alleux. A côté d'eux apparaît, au VIIIe siècle, une

nouvelle sorte de biens possédés à titre de *béné-fices*, dont parlent les Capitulaires.

On entendait par là des biens dont les posses-seurs avaient la jouissance et d'autres la pro-priété.

Les bénéfices ecclésiastiques sont les premiers dont il est fait mention dans les documents légis-latifs de l'époque. L'Eglise seule put d'abord ac-quérir la propriété des biens que lui abandon-naient les petits propriétaires opprimés pour évi-ter les vexations des grands. La propriété une fois acquise par la *festucatio*, l'Eglise rétrocédait au donateur la possession viagère de l'immeuble, qui devenait un bénéfice. L'acte par lequel le do-nateur demandait à l'Eglise de lui céder la jouis-sance était dit *précaire*. Celui par lequel elle la concédait avait reçu le nom de *prestaire*.

De ces bénéfices ecclésiastiques est sorti le sys-tème féodal tout entier.

Lorsque Charles-Martel, après la victoire de Poitiers (732), se fut emparé des biens de l'Eglise, il les distribua à ses compagnons d'armes à la condition qu'ils les posséderaient au même titre que les anciens bénéficiaires, c'est-à-dire à titre précaire et viager, *sub precario et censu*. Seule-ment, au lieu d'exiger d'eux une redevance en nature ou en argent, comme le faisait l'Eglise, il les assujettit à son égard à certains services mi-litaires et de cour. Ces concessions prirent alors le nom de bénéfices militaires.

Après Charles-Martel, Carloman et les rois Francs employèrent ce mode de concession pour recruter autour d'eux des compagnons d'armes et se les attacher.

Le caractère essentiel du bénéfice militaire était d'être viager, non transmissible aux héritiers. A la mort du titulaire, il faisait retour au concédant qui pouvait en disposer en faveur d'un nouveau concessionnaire. Celui-ci obtenait parfois la faculté de transmettre le bénéfice à certaines personnes déterminées dans l'acte de concession. Ce qui était l'exception devint le droit commun lorsque les grands possesseurs de bénéfices militaires eurent arraché à la faiblesse des successeurs de Charlemagne le droit de transmettre les bénéfices à leurs descendants. Ce fut le Capitulaire de Quiersy-sur-Oise, édicté en 877, par Charles-le-Chauve, qui rendit les bénéfices héréditaires. A partir de cette époque le bénéfice viager devint le fief héréditaire.

Ainsi s'établit le régime féodal et se formèrent plusieurs Etats indépendants à la tête de chacun desquels se trouvait un grand seigneur qui étendait son autorité et sa suprématie sur les personnes et les biens dépendant de sa suzeraineté. Le roi n'avait aucun droit sur eux et n'était que le seigneur du fief le plus étendu.

Parmi les biens en tenure, on trouve, à côté des fiefs, les censives qui prirent également naissance des bénéfices ecclésiastiques. Ce qui, à l'origine, ne pouvait être fait qu'en faveur de l'Eglise, put l'être en faveur d'un fonctionnaire capable de protéger les donateurs. Les petits propriétaires d'alleux, plutôt que d'être dépossédés entièrement de leurs biens par de plus puissants qu'eux, préféraient leur en abandonner la propriété et s'en faire rétrocéder la jouissance seulement à charge de paiement d'une somme payée *in recognitionem dominii* et non en représentation des fruits. C'était le *cens*.

Un autre mode de créer des bénéfices existait encore. Les grands propriétaires, impuissants à surveiller l'étendue de leurs vastes domaines, concédaient des terrains à charge d'une redevance. Ces concessions de terrain ayant, pour les seigneurs, cet avantage considérable de leur permettre d'étendre leur autorité sur les personnes en même temps que sur les biens, ne tardèrent pas à se multiplier et contribuèrent au démembrement des grandes propriétés *allodiales*.

De grandes différences existaient entre les fiefs et les censives, notamment au point de vue des obligations dont étaient tenus les possesseurs. Toutefois la création de ces deux sortes de biens en tenure produisit un résultat commun, le dédoublement de la propriété.

On rencontre en eux deux éléments de propriété : le *domaine direct* et le *domaine utile*. Dans les fiefs, le premier appartenait au concédant ou *seigneur*, le second au concessionnaire ou *vassal*. Dans les

8

censives le *seigneur très-foncier* avait le domaine direct, le *tenancier ou censitaire* le domaine utile.

Nous voilà arrivé à une époque où, à part quelques petits *alleux* restés indépendants, toutes les terres appartiennent à des grands seigneurs et c'est alors que les Feudistes proclament cette maxime sur laquelle repose tout le système féodal : « *Nulle terre sans seigneur.* » Les seigneurs sont propriétaires originaires de toutes les terres situées dans leur souveraineté et les vassaux et tenanciers ne les tiennent qu'à titre de concession.

Cette règle ne dut pas être sans influence sur la transmission de la propriété foncière. Nul ne pouvait devenir propriétaire d'un fief ou d'une censive sans les formalités de l'ensaisinement judiciaire. La saisine en fief était désignée par le mot : *Investiture*, la saisine en censive par l'expression *vèst et devest*.

Le vendeur au moyen de la *festuca* devait se dessaisir de la propriété du domaine entre les mains de son seigneur entouré de sa cour féodale ou du juge seigneurial le représentant. Sur la réquisition du transmettant, le seigneur, à son tour, remettait la *festuca* à l'acquéreur et le déclarait ensaisiné. Puis il demandait aux hommes libres composant sa cour si toutes les formalités avaient été régulièrement accomplies, et ceux-ci répondaient affirmativement.

Le dessaisissement de l'ancien maître et l'ensaisinement de l'acquéreur étaient nécessaires pour transférer la propriété soit entre les parties contractantes, soit à l'égard des tiers. Un contrat de vente, même suivi de tradition, demeurait sans résultat tant que l'ensaisinement n'avait pas eu lieu, et si le vendeur qui avait conservé la propriété aliénait une seconde fois, le nouvel acquéreur devenait le vrai propriétaire s'il était ensaisiné.

Les ensaisinements étaient constatés sur un registre public où tout le monde pouvait en prendre communication. Brillon, en son *Dictionnaire des arrêts* (*V° Ensaisinement*), nous dit : « les ensaisinements doivent être écrits sur un registre en bonne forme ; le registre doit être communiqué indifféremment à tout le monde. »

Si les tiers profitaient en fait de cette publicité, nous ne croyons pas que leur intérêt ait présidé seul à son organisation. Les seigneurs voulaient par là s'assurer le moyen de connaître les diverses mutations de propriété en cas de contestation pour le paiement des droits qu'ils percevaient.

Dans le cas d'une transmission de fief, le nouveau possesseur devait, une fois ensaisiné, « prester foi et hommage » entre les mains de son seigneur pour établir les liens du vasselage.

Les formes de cette prestation variaient selon la coutume des lieux.

Bouteiller, en la *Somme rurale*, titre 82, prescrit ainsi la forme de l'hommage : « La manière de faire

hommage, si est cette, premièrement l'homme mis
au net, c'est-à-dire chaperon abattu et sans couteau qui porte deffense, et en pur le corps, c'est-à-
dire sans manteau à l'enseigne franche, que
l'homme est tout prest de ester en droit par son
seigneur, si métier était. Doit l'homme joindre ses
deux mains en nom d'humilité et mettre ez deux
mains de son seigneur en signe que tout lui voüe
et promet foy. »

Les règles concernant la transmission des alleux devenus très-rares dans la période féodale,
étaient celles du droit germanique. Le vendeur,
investi de tous les droits composant la propriété,
n'avait pas besoin pour la transmettre de l'intermédiaire du seigneur ou du juge, comme le vendeur d'un fief ou d'une censive. Il ne pouvait être
question d'investiture seigneuriale. Le transmettant ensaisinait directement l'acquéreur par les
signes que nous connaissons, et le juge royal,
devant lequel se faisait la *festucatio*, confirmait
l'ensaisinement, comme autrefois le *mallum* des
Germains.

CHAPITRE III

Droit Coutumier.

Une des principales causes de l'affaiblissement et de la disparition du régime féodal fut sans contredit l'influence du droit romain. Son étude souleva au XIIe siècle un véritable enthousiasme. De tous les points de la France accouraient à Paris des étudiants qui venaient entendre les leçons des professeurs de l'Université, exaltant dans leurs cours l'autorité royale, et importaient ensuite ces idées dans leurs provinces respectives. Le Parlement de Paris, adoptant les mêmes principes, proclama la maxime : « *ne prend saisine qui ne veut* » qui porta un coup mortel à la féodalité. Le mouvement antiféodal trouva de nombreux partisans dans toute la France, surtout dans le Midi, d'où le droit romain n'avait pas complètement disparu. Cependant, certains pays dits : de nantissement, résistèrent à cet entraînement et conservèrent les règles du droit féodal, tout en les adaptant à la nouvelle organisation politique. Parcourons-les, puis nous étudierons les progrès faits par les principes du droit romain, dans le reste de la France désigné sous le nom de : Pays de droit commun, et mentionnerons les nombreuses tentatives de la royauté et des jurisconsultes pour enrayer les fâcheuses conséquences de la voie dangereuse dans laquelle on s'était engagé.

§ 1.

Pays de Nantissement.

Ces pays, situés au nord de la France, étaient le Vermandois, la Picardie, l'Artois, la Flandre, le Hainaut. Dans ces provinces, la tradition était insuffisante pour transférer la propriété. L'acquéreur devait être investi solennellement par le seigneur accompagné de sa cour féodale ou par son juge, s'il s'agissait de l'aliénation d'un fief, par la cour échevinale, composée de propriétaires de censives et présidée par un prévôt, quand on transmettait une censive. Les formalités que l'on accomplissait devant l'une ou l'autre de ces cours étaient dites suivant les coutumes : Œuvres de loi, devoirs de loi, dessaisine saisine, deshéritance, adhéritance, vest devest, nantissement.

Quoique produisant le même résultat : le dessaisissement du transmettant, elles différaient dans leur exécution. Ainsi, d'après la coutume de Péronne (art. 264), les deux contractants devaient comparaître devant le bailli ou lieutenant du lieu dont les héritages étaient tenus en mouvance et là déclarer en présence du greffier et de deux témoins, le contrat qui avait été fait, dont était fait acte, qui valait dessaisine et saisine sans autre formalité.

Les devoirs de loi usités dans les coutumes du Vermandois, de Reims et d'Amiens consistaient dans une déclaration exacte de l'héritage ou de la partie de l'héritage vendus, avec son étendue ou ses limites bien spécifiées sous peine de nullité. La plupart des coutumes en exigeait l'enregistrement aux greffes des justices seigneuriales ou royales qui les recevaient, par ordre, sur un registre public que tout le monde pouvait consulter.

Le défaut de nantissement était un obstacle au transfert de la propriété, soit entre les parties contractantes, soit à l'égard des tiers. Tant qu'il n'avait pas eu lieu, le vendeur était encore *sire de la chose*, selon l'expression de Bouteiller. « Celui qui vend sa tenure, dit-il, mais il en retient encore la saisine par devers luy, ne n'en fait vest à l'acheteur, scachez qu'il est encore sire de la chose ; mais toutefois, il peut être contraint à faire le werp et adhéritement de la chose. » (Somme rurale, livre I, chap. 67.) L'acquéreur avait seulement contre son vendeur une action personnelle lui permettant de s'adresser à la justice pour obtenir l'exécution du contrat d'aliénation. Mais il se voyait préférer un second acquéreur du même bien qui, quoique postérieur en date, avait été nanti le premier.

Le nantissement était exigé non-seulement pour les transmissions de propriété, mais encore pour les concessions d'autres droits réels, hypothèque, servitude.

Si, les formes et les effets du nantissement connus, nous nous demandons quelle fut la cause de son maintien dans certaines coutumes, nous ne devons pas voir une réponse à cette question dans l'influence des idées formalistes de l'époque, ni dans le désir de perpétuer les principes du droit féodal et de maintenir la propriété sous la tutelle des seigneurs. La preuve en est dans l'extension de la nécessité du nantissement à la transmission des alleux qui avait lieu devant le bailli royal assisté des francs-alloëtiers. Ces coutumes, selon nous, ont eu en vue un intérêt plus élevé. Elles voulurent conserver l'élément de publicité résultant de l'enregistrement des devoirs de loi aux greffes des justices seigneuriales et royales, et dont elles avaient déjà apprécié les avantages sous le régime féodal, qui, comme nous le savons, ordonnait la constatation sur un registre public des ensaisinements. Leur pensée fut donc, en entourant les transmissions d'une certaine publicité, d'assurer la sécurité des transactions.

Les documents législatifs de l'époque se placent en effet à ce point de vue. Deux placards, l'un de Charles-Quint (10 février 1538), et l'autre de Philippe II (6 déc. 1586), qui étendaient aux Pays-Bas les formalités du nantissement pour toute aliénation immobilière, étaient motivés par l'intérêt d'empêcher des fraudes et d'éviter les stellionats.

En Bretagne, on suivait un autre système de publicité qui sauvegardait encore mieux l'intérêt des tiers. Ce système, connu sous le nom d'*appropriance*, était une procédure postérieure au contrat de vente et différait en cela du nantissement dont les formalités étaient concomitantes à l'acte d'acquisition. L'art. 269, Cout. de Bretagne, nous en indique les règles fondamentales. L'acquéreur d'un immeuble qui voulait s'en assurer la propriété pleine et entière avec affranchissement des droits réels pouvant le grever, devait faire trois bannies tant du contrat que de la prise de possession, par trois dimanches consécutifs, après l'issue de la grand'messe en la paroisse où était situé le bien acquis.

Le but de ces publications était de mettre les tiers intéressés en demeure de faire connaître leurs droits sur l'immeuble vendu. Cette formalité accomplie, l'acquéreur se présentait devant le juge du lieu pour certifier de l'accomplissement des prescriptions de la coutume. A partir de ce moment, il était approprié et la propriété, complètement purgée de toute charge, passait d'une manière incommutable sur sa tête. Les tiers non-recevables à faire valoir leurs prétentions à son encontre, n'avaient qu'un recours personnel contre le vendeur qui avait vendu en fraude de leurs droits.

Plus tard un Edit de 1626 ordonna, outre les trois bannies, l'insinuation du contrat de vente dans un registre public tenu à cet effet au greffe de la juridiction compétente.

L'acte d'insinuation était lui-même rendu public par trois publications successives dont le défaut d'accomplissement entraînait la nullité des appropriements.

Il existait bien aussi en Normandie une sorte de publicité. Ainsi, les mutations immobilières étaient rendues publiques par la lecture du contrat à l'issue de la messe paroissiale, en présence de quatre témoins qui signaient le procès-verbal dressé par un notaire, mais cette formalité avait surtout pour but de faire courir le délai d'an et jour pour permettre aux héritiers d'exercer le retrait lignager, plutôt que de sauvegarder l'intérêt des tiers.

§ 2.

Pays de droit commun.

Tandis que ces rares coutumes résistaient au vent de la réaction antiféodale qui soufflait en ce moment sur la France, le reste du pays, fort de l'appui des rois et des légistes, acceptait avec empressement la maxime : « *ne prend saisine qui ne veut* » et avec elle ses conséquences. L'ensaisinement seigneurial, devenu facultatif, ne tarda pas à

tomber en désuétude et fut remplacé par la tradition réelle du droit romain. Mais on ne s'arrêta
pas là et, comme un excès en amène toujours un
autre opposé, on en arriva à se contenter pour la
transmission de la propriété foncière d'une tradition occulte.

Ce résultat fut produit par l'introduction, dans
les actes notariés ayant pour but l'aliénation d'immeubles, de la clause connue sous le nom de *dessaisine-saisine* par laquelle l'aliénateur déclarait
dans le contrat se dessaisir de la propriété en
faveur de l'acquéreur qu'il affirmait vouloir saisir.

Cette clause, qui rendait l'acquéreur propriétaire à l'égard de tout le monde, était censée renfermer une tradition feinte qui équipollait à une
tradition réelle. Elle devint peu à peu de style dans
tous les contrats, et si, en principe, on n'admit jamais
la règle du transfert de la propriété par la seule
convention, en fait ce résultat était obtenu. Aussi
ne devra-t-on pas s'étonner de voir les rédacteurs
du Code civil supprimer ces clauses devenues inu-
tiles et proclamer le principe spiritualiste du
transfert de la propriété *solo consensu*.

Cette fiction, sur laquelle étaient basées les
transmissions de propriété foncière, fut vivement
combattue par certains jurisconsultes. Dumoulin
voulait qu'on n'attachât aucun sens à la clause de
dessaisine-saisine. Entre deux acquéreurs successifs d'un même bien, dont l'un avait reçu la tradi-

tion réelle et l'autre la tradition feinte, Charondas (1) donnait toujours la préférence au premier, son contrat fût-il postérieur en date à celui du second.

Malgré ces protestations, le contraire prévalut et une des règles de Loisel (2) disait : « dessaisine et saisine faites en présence de notaires et de témoins vaut et équipolle à tradition et délivrance de possessions. »

Telle était encore l'opinion de Guy-Pape, Pothier et Furgole.

La jurisprudence finit par admettre un système dont on devine facilement les fâcheuses conséquences. Incertitude de la propriété, ruine du crédit public, tel était le double résultat auquel elle était arrivée. La circulation des biens éprouva un point d'arrêt, les acquéreurs ne voulant pas s'exposer à une éviction ultérieure en traitant avec un non-propriétaire. Les prêteurs devinrent plus exigeants à cause de l'impossibilité où ils étaient de vérifier la sûreté du gage fourni par les emprunteurs.

Un pareil état de choses ne pouvait manquer d'attirer l'attention des Souverains qui tentèrent d'y remédier à plusieurs reprises, mais sans atteindre de sérieux résultats, en présence des préjugés, de la résistance des Parlements et des Grands.

(1). Charondas. — Réponses du Droit français, 1. 2., rép. 62.
(2). Loisel. — Liv. 5, t. 4, règle 7.

François Ier, par son édit de Saint-Germain-en-Laye, de 1553, essaya le premier d'organiser la publicité. Il assujettit à l'insinuation tous les contrats d'aliénation à titre onéreux. La propriété n'était définitivement fixée sur la tête de l'acquéreur qu'autant que la formalité avait été remplie dans le délai de deux mois à dater du contrat. Si elle n'intervenait qu'après ce délai, elle était opposable aux tiers du jour de son accomplissement. Tout le monde pouvait prendre communication des registres.

Cet édit resta inappliqué.

Par celui de 1581, Henri III, dans le but de prévenir les falsifications et les antidates, ordonna l'enregistrement des actes de mutation sur un registre que le contrôleur devait communiquer à toute personne intéressée. Quoi qu'en dise M. Dalloz (1) qui ne voit là qu'un prétexte pour créer de plus abondantes ressources au trésor, la publicité existait en fait, et les tiers intéressés pouvaient en profiter. Malheureusement cet édit fut révoqué en 1588.

Renouvelé en 1606 par Henri IV, il n'eut pas un meilleur sort.

Au mois de mars de l'année 1673, Colbert fit rendre un édit organisant une certaine publicité, mais hâtons-nous de dire que son système était incomplet. Ne s'occupant que des hypothèques et

(1) Répert. de Jurisp., V. Enregist.

des moyens de les faire connaître, l'édit prémunissait bien le nouvel acquéreur contre les créanciers de son auteur, mais le laissait toujours exposé à une éviction de la part d'un acquéreur antérieur. Cet édit trouva de grandes résistances dans les Parlements dont les membres obérés de dettes ne voulaient pas faire connaître au public leur situation foncière. Certains jurisconsultes joignirent leurs efforts à ceux de la noblesse et le firent révoquer en 1674.

Après cette tentative infructueuse, on revint aux errements du passé contre lesquels on essaya de réagir une dernière fois, un siècle plus tard. Un édit de Louis XV, rendu en 1771, établit la purge des hypothèques. Les acquéreurs de propriété immobilière devaient afficher leur contrat translatif pendant deux mois dans l'auditoire du tribunal. Pendant ce délai, les créanciers hypothécaires devaient former opposition, faute de quoi ils étaient déchus de tout droit et les acquéreurs recevaient alors, sous le titre de lettres de ratification, un acte d'affranchissement de toutes les hypothèques pouvant grever les biens acquis par eux.

Quoique appelé à produire d'excellents résultats, ce système de publicité présentait la même lacune que celui organisé par l'édit de 1673. L'acquéreur, à l'abri des créanciers de son auteur, était cependant à la merci d'un acquéreur antérieur dont il n'avait pas pu connaître le titre.

LÉGISLATION INTERMÉDIAIRE

Nous voilà arrivé à la période révolutionnaire. La secousse produite par la proclamation de nouveaux principes, dont l'application causa le bouleversement dans l'organisation de la société et de la famille, ne devait pas épargner la propriété territoriale. Le contre-coup se fit sentir par l'abolition, la transformation des règles dont l'ensemble formait le régime foncier. Son économie fut complètement modifiée, afin de pouvoir l'harmoniser avec les idées dominantes de l'époque. C'est cette action de la Révolution à l'égard de la propriété foncière qu'il faut étudier brièvement. L'Assemblée constituante voulut atteindre un triple but : affranchir le sol, le diviser et en faciliter la transmission. Comment réalisa-t-elle son programme ?

Après avoir proclamé l'égalité dans la condition des personnes, elle voulut que le territoire habité par elles fût aussi libre, et c'est pour ce motif que, dans la nuit du 4 août 1789, elle abolit le régime féodal, les droits seigneuriaux, les justices seigneuriales, faisant ainsi disparaître toute distinction entre les fiefs et les censives, entre les héritages nobles et roturiers.

L'unité dans la propriété ramenée, l'Assemblée voulut arriver à la division du sol en jetant le principe de la *mobilisation territoriale* dont elle fit l'expérience sur les biens nationaux, c'est-à-dire sur les biens du clergé et les domaines de la couronne. L'Etat, débiteur de sommes provenant surtout de l'énorme liquidation d'offices supprimés, manquait de numéraire et n'avait pour faire face aux réclamations des créanciers que les biens nationaux dont la valeur dépassait, il est vrai, le total des dettes. Dans cette situation, l'Assemblée constituante, plutôt que de recourir à une vente qu'elle considérait à ce moment comme désavantageuse, imagina la création d'*assignats* : papier-monnaie représentant la valeur des fonds nationaux et qui, suivant un décret du 18 avril 1790, eut cours de monnaie entre toutes personnes et dut être reçu dans toutes les caisses publiques et particulières. Par la délivrance de ces assignats aux nombreux créanciers de l'Etat, l'Assemblée arriva à l'acquittement de ses charges et à la division des propriétés sur une assez grande échelle.

Un plan de mobilisation générale, présenté à l'Assemblée par le marquis de Ferrières, fut repoussé sous l'influence d'un économiste distingué, M. Dupont, qui considérait ce projet comme dangereux.

L'Assemblée avait exécuté une partie de son programme, en affranchissant et divisant le sol. Il lui restait à en régler la transmission en tenant compte des idées de publicité qui se reproduisaient avec force à cette époque.

La conséquence de la suppression des justices seigneuriales fut l'impossibilité pour les parties de remplir les formalités du nantissement dans les coutumes où elles étaient exigées pour la transmission de la propriété. On leur devait une loi qui établît sous une autre forme un système de publicité. Dans la période qui précéda sa promulgation, les parties remplirent les anciennes formalités des œuvres ou devoirs de loi, devant des officiers n'ayant aucun caractère légal pour leur accomplissement, situation qui fut régularisée par un décret du 13 avril 1791. Satisfaction fut enfin donnée aux réclamations des pays de nantissement par une loi qui, décrétée le 19, fut sanctionnée le 27 septembre 1790. Son texte portait « qu'à compter du jour où les tribunaux de district, organisés par la loi du 11 août de la même année, seraient installés dans les pays de nantissement, les formalités de dessaisine-saisine, devest, vest... etc., tenant au nantissement féodal, seraient abolies et qu'il y serait suppléé par la *transcription des grosses des contrats* d'aliénation ou d'hypothèque dans un registre particulier, tenu au greffe du tribunal de district de la situation du bien. »

9

Comme on le voit, c'est la transcription de la grosse du contrat qui remplace les formalités du nantissement et va produire les mêmes effets. Ainsi, elle sera nécessaire, nous dit l'art. 3 de la loi, pour consommer les aliénations et les constitutions d'hypothèques. En d'autres termes, tant que la grosse du contrat n'est pas transcrite, le droit réel n'a pas pris naissance, l'acquéreur n'est pas propriétaire, une simple action personnelle existe entre les parties. La distinction de la transmission de la propriété *inter partes* et *erga tertios* n'apparaît pas encore. Le même acte la transmet à l'égard de ces deux classes de personnes. Ajoutons sur cette loi qu'elle n'établit pas l'unité de législation. Elle fut purement locale, ne s'appliquant qu'aux pays de nantissement. Dans le Midi, la propriété se transférait, comme par le passé, au moyen de la tradition réelle ou feinte.

Avant l'organisation d'un système uniforme de publicité pour toute la France, on fit une nouvelle tentative de mobilisation du sol en votant la loi du 9 Messidor an III, dont les principales dispositions étaient les suivantes: On devait créer dans chaque département une caisse territoriale. Tout propriétaire d'immeuble pouvait se présenter devant le directeur et en déclarer la valeur, qu'il était libre à celui-ci de vérifier. Cette opération terminée, il était permis au propriétaire de prendre hypothèque sur lui-même jusqu'à concurrence des trois quarts de la valeur vénale des biens, et dans ce but, il souscrivait pour la somme dont il avait besoin un billet appelé : *cédule hypothécaire* négociable par la voie de l'endossement, formant un titre exécutoire pour celui à l'ordre duquel il avait été souscrit.

Cette loi, qui donnait au sol la mobilité de l'argent en le mettant en circulation comme un effet de commerce, n'a jamais été mise en vigueur. La Convention en différa toujours l'exécution, guidée en cela par ses sentiments de haine envers la noblesse. Voyant dans son exercice un moyen offert aux émigrés pour soustraire leurs biens à la confiscation, elle ne voulut pas avoir l'air de servir en quoi que ce soit les intérêts d'une caste alors si honnie et si conspuée.

Le document législatif le plus important de la période que nous traversons, fut, sans contredit, la loi du 11 Brumaire an VII, qui mit fin aux dispositions transitoires de la loi de sept. 1790 et établit un système de publicité applicable à toute la France. Le mode adopté par elle fut celui de la loi de 1790. Son art. 26 exige en effet la transcription des actes translatifs de biens et droits susceptibles d'hypothèque sur les registres du bureau de la conservation des hypothèques dans l'arrondissement duquel les biens étaient situés. A côté de cette ressemblance, existe une différence importante entre les deux lois, qui a trait à l'effet de la transcription. Cette formalité n'est plus exigée pour la *consommation* des actes translatifs de biens immobiliers, mais seulement pour que ces actes puissent être opposés aux tiers qui auront contracté avec le vendeur. La transcription est simplement un élément de publicité destiné à révéler aux intéressés la situation d'un immeuble.

La loi de Brumaire établit donc une distinction entre les parties au contrat et les tiers. A l'égard de ceux-ci, la propriété sera transmise à partir de la transcription de l'acte, tandis qu'entre le vendeur et l'acquéreur, le transfert sera parfait par le seul consentement.

Ce dernier point a été contesté. Puisque la loi, a-t-on dit, ne parle que des tiers, la transmission de la propriété entre les parties doit être régie par les anciennes règles qui exigent la tradition.

Il est facile de réfuter cette objection. Si le législateur n'a pas pris soin de proclamer formellement le principe spiritualiste du transfert de la propriété par la seule convention, c'est qu'il l'a jugé inutile en présence de ce qui se passait dans la pratique. La clause de dessaisine-saisine devenue de style arrivait en effet au transfert de la propriété par la seule volonté. D'ailleurs, nul doute ne saurait exister en présence des paroles prononcées dans le premier rapport fait sur cette loi au Conseil des Cinq-Cents : « La mutation, y est-il dit, en ce qui concerne le vendeur et l'acheteur, est parfaite par leur consentement mutuel. »

D'autres ont été jusqu'à soutenir que la transcription était nécessaire pour transférer la propriété entre les parties.

Les paroles citées plus haut et les termes de l'art. 26 réprouvent une telle doctrine. « Jusqu'à la transcription, ils ne peuvent être opposés aux tiers. » Cela signifie donc que l'acte est opposable aux parties, même avant la transcription.

Cette loi mérite le reproche d'être incomplète. Ne soumettant à la formalité de la transcription que les actes translatifs de biens et droits susceptibles d'hypothèque, c'est-à-dire, d'après son article 6, les biens territoriaux transmissibles, l'usufruit et la jouissance à titre d'emphytéose des mêmes biens, elle en dispense, par le fait même, les actes translatifs du droit d'usage, d'habitation, de servitude, d'antichrèse, tout autant de charges foncières qu'il importe aux tiers de connaître. Nous verrons la loi de 1855 combler cette lacune.

Telles étaient les règles qui présidaient à la transmission de la propriété foncière, lorsqu'on arriva à la rédaction du Code civil.

DROIT ACTUEL

PREMIÈRE PARTIE

Législation du Code civil et du Code de procédure.

La loi de Brumaire avait introduit la distinction entre la transmission de la propriété dans les rapports des parties et la transmission dans leurs rapports avec les tiers.

On pourrait croire que cette conquête sur l'ancien droit va être conservée par les législateurs de 1804, qui avaient la prétention de faire un corps de lois dont le texte et l'esprit répondraient aux exigences nouvelles, aux idées de progrès de l'époque ; mais contrairement à ces prévisions, l'économie de la loi de l'an VII fut renversée pour donner place à un système confondant ces deux intérêts, les soumettant aux mêmes règles.

Les rédacteurs du Code civil devaient s'occuper du transfert de la propriété entre les parties et à l'égard des tiers.

A propos de la transmission *inter partes*, ils avaient à choisir entre le système de la tradition et celui du transfert par la seule force du consentement des parties.

Nul doute qu'ils aient choisi le second.

Ils n'ont pas cependant clairement exprimé leur pensée, et les termes qu'ils ont employés rappellent l'ancienne pratique de tradition feinte.

L'art. 938 est ainsi conçu : « La donation dûment acceptée sera parfaite par le seul consentement des parties ; la propriété des objets donnés sera transférée au donataire, *sans qu'il soit besoin d'autre tradition.* »

Une tradition est donc intervenue, mais d'après les termes mêmes de l'article, il ne peut s'agir que de celle qui résulte du seul consentement.

L'art. 1138 a donné lieu à différentes interprétations. Les termes employés par le législateur sont amphibologiques. On voit percer dans sa manière de s'exprimer une hésitation résultant de l'innovation qu'il introduit. Il dit : « L'obligation de livrer la chose est *parfaite* par le seul consentement des parties contractantes. Elle rend le créancier propriétaire et met la chose à ses risques dès l'instant où elle a dû être livrée, encore que la tradition n'en ait point été faite, à moins.... »

Le premier alinéa de cet article a reçu deux explications différentes ; selon la première, le mot *parfaite* signifierait : créée, formée, de telle sorte que le consentement des parties suffirait pour former, pour créer l'obligation de livrer. Mais cette explication se réfute par elle-même. Le législateur n'aurait fait que répéter ce qu'il avait déjà dit dans les articles précédents : Le consentement des parties suffit pour engendrer une obligation.

La seconde explication, la seule admissible à notre avis, fait rapporter le mot *parfaite* non pas à la formation de l'obligation, mais à son exécution. D'après elle, l'obligation de livrer est parfaite en ce sens qu'elle est *exécutée, accomplie, consommée* par le seul consentement des parties.

Cette interprétation se justifie d'ailleurs si l'on examine la place occupée dans le Code par l'art. 1138.

Aux termes de l'art. 1136, l'obligation de *dare* emporte celle de livrer la chose et de la conserver jusqu'à la livraison.

L'art. 1137 s'occupe de l'obligation de conserver et nous dit en quoi elle consiste.

L'art. 1138, d'après l'ordre logique des idées, doit indiquer comment s'exécute l'obligation de livrer.

Concluons donc que, sous l'empire du Code civil, cette exécution a lieu par le simple consentement des parties.

Maintenant, les rédacteurs se sont servis d'un

détour pour arriver à ce résultat. Ils ont laissé
subsister la nécessité de la tradition, en même
temps qu'ils la supprimaient par un faux-fuyant.
La tradition doit intervenir, mais elle est dispensée de toute manifestation extérieure, soit matérielle, soit fictive; elle est toujours sous-entendue, réputée accomplie.

On oppose à cette théorie les art. 1238,
1867, 1303 du Code civil.

L'art. 1238 s'exprime ainsi : « Pour payer
valablement, il faut être propriétaire de la chose
donnée en paiement, et capable de l'aliéner. »
Si, dit-on, le débiteur est encore propriétaire de
la chose au moment du paiement, c'est que la propriété n'a pas été transférée par la convention de
dare.

Cet article vise les cas où la convention est impuissante à transférer la propriété. Cela a lieu :
1° lorsque l'on promet un corps certain appartenant à autrui ; 2° lorsque l'on s'engage à transmettre la propriété d'une chose de genre. Comme
elle ne sera individualisée qu'au moment du paiement, il est alors vrai de dire qu'il transfère la
propriété ; 3° lorsqu'enfin les parties ont stipulé
un terme pour reculer le moment de la mutation.

Nous expliquerons de la même façon l'art. 1867.

Aux termes de l'art. 1303 : « Lorsque la
chose est périe, est mise hors du commerce ou
perdue, sans la faute du débiteur, il est tenu, s'il
y a quelques droits ou actions en indemnité par

rapport à cette chose, de les céder à son créancier. » Il semble faire résider la propriété sur la tête d'un débiteur jusqu'à la tradition.

Il ne faut voir dans cet article qu'un souvenir des théories anciennes, malencontreusement reproduit par les rédacteurs du Code.

La transmission de la propriété immobilière réglementée entre les contractants, il restait à en poser les règles à l'égard des tiers. Deux partis se trouvaient en présence. L'un voulait maintenir le principe de la loi de Brumaire, l'autre revenir aux institutions de l'ancien droit. Les défenseurs de ce dernier système étaient Portalis, Tronchet, Bigot-Préameneu, Malleville.

La discussion s'engagea pour la première fois sur les art. 1138 et 1140 du Code civil. Après avoir posé dans l'art. 1138 le principe de la transmission de la propriété entre les parties par leur seul consentement, on se demanda s'il devait s'appliquer aux tiers. La solution de cette grave question fut ajournée, et c'est ce qui explique la disposition de l'art. 1140 du Code civil qui remet à plus tard le règlement des effets de l'obligation de *dare* ou de livrer un immeuble.

Au titre de la vente, les mêmes hésitations se reproduisirent ; les défenseurs des deux systèmes firent valoir leurs arguments pour et contre, mais le Conseil d'Etat n'osant se prononcer, renvoya encore la solution de la question. L'art. 1583 ne parlant que des parties, faisait présumer une disposition spéciale pour les tiers.

Enfin, le titre des *privilèges et hypothèques* dut être rédigé. On ne pouvait plus reculer. Il fallait se décider. La section de législation inséra dans son projet deux articles semblables à ceux de la loi de Brumaire. L'art. 91 s'exprimait ainsi : « Les actes translatifs de propriété, qui n'ont pas été transcrits, ne peuvent être opposés aux tiers qui auraient contracté avec le vendeur, et qui se seraient conformés aux dispositions de la présente.» Cette disposition donna lieu à une discussion très-vive dans le Conseil d'Etat. Les adversaires de la publicité redoublèrent d'efforts pour faire triompher leur système. Tronchet se récria contre l'arbitraire qui, sans jugement, annulait un contrat reconnu valable, même après 20 ans de possession, pour favoriser un second acquéreur négligent lorsqu'il aurait dû, avant tout, vérifier les titres de propriété , mais qui avait transcrit. D'après lui, la transcription était inutile et injuste. L'acquéreur devait se faire représenter les titres de son vendeur et se livrer, pour en apprécier la portée, à toutes les investigations que la prudence peut commander.

On lui répondit avec raison que ces titres pouvaient être souvent incomplets, adirés en partie, ou modifiés par des actes antérieurs.

Enfin, après une exposition faite par Treilhard des conséquences fâcheuses de la clandestinité des mutations, la cause de la transcription semblait gagnée lorsque. sur l'observation du consul Cambacérès, l'art. 91 du projet fut renvoyé à la section de législation pour être rédigé dans le sens d'amendements adoptés. Le principe fut donc voté, mais l'article ne reparut pas.

Personne n'a pu donner des motifs satisfaisants de cette disparition, et il en est résulté que les art. 1138 et 1583 ont seuls réglé la transmission de propriété par l'effet des conventions.

Le principe de la publicité était abandonné. Certains jurisconsultes, après la promulgation du Code, ont voulu voir dans l'économie de diverses dispositions, notamment l'art. 2181, le maintien du système de la loi de Brumaire, mais il n'est question dans cet article que de la transcription relativement à la purge d'hypothèques et non au transfert de la propriété.

Pouvait-on, d'ailleurs, conserver des doutes après la loi du 30 ventôse an XII, déclarant, dans son art. 7, abrogées toutes les lois antérieures ayant trait aux points réglés par le Code civil ? Aussi cette opinion fut-elle abandonnée et condamnée par la jurisprudence qui reconnut au consentement des parties le pouvoir de déplacer la propriété, même à l'égard des tiers. Quand deux personnes faisaient valoir des droits s'excluant ou se restreignant mutuellement, on donnait la préférence à celle dont le titre avait le premier obtenu date certaine par la formalité de l'enregistrement, sans tenir aucun compte de la transcription.

Toutefois, cette formalité n'avait pas été complètement bannie du Code. Elle y produisait et y produit encore certains effets. Aux termes des art. 939 et 1069, les actes de donations immobilières et les substitutions permises doivent être transcrits. Elle conserve le privilège du vendeur (art. 2108), sert de point de départ à la prescription de dix ou vingt ans des privilèges et hypothèques dont l'immeuble acquis se trouve grevé (art. 2180 4°) et enfin constitue le premier acte de la purge (art. 2181).

En dehors de ces hypothèses, la transcription n'était d'aucune utilité. Aussi le système du Code civil, en ce qui concernait la transmission de la propriété foncière, était-il désastreux et les inconvénients qu'il devait inévitablement entraîner ne tardèrent pas à se produire.

On fut tout d'abord frappé de la position faite aux créanciers qui, ayant acquis valablement des hypothèques, ne les avaient pas inscrites avant l'aliénation volontaire ou forcée de l'immeuble grevé. A partir de ce moment, l'inscription ne pouvait se faire utilement sur un bien sorti du patrimoine du débiteur, puisque l'acquéreur en était devenu propriétaire à l'égard de tous par la vente seule. Il dépendait donc d'un propriétaire de rendre illusoire par sa mauvaise foi la garantie qu'il venait d'accorder à ses créanciers.

Le remède à un résultat aussi révoltant ne se fit pas longtemps attendre. Il se trouve dans l'art. 834 du Code de procédure civile ainsi conçu : « Les créanciers qui, ayant une hypothèque aux termes des art. 2123, 2127 et 2128 du Code civil, n'auront pas fait inscrire leurs titres antérieurement aux aliénations qui seront faites à l'avenir des immeubles hypothéqués, ne seront reçus à requérir la mise aux enchères, conformément aux dispositions du chapitre XVIII du livre III du Code civil, qu'en justifiant de l'inscription qu'ils auront prise depuis l'acte translatif de propriété, et au plus tard dans la quinzaine de la transcription de cet acte. Il en sera de même à l'égard des créanciers ayant privilège sur des immeubles, sans préjudice des autres droits résultant, au vendeur et aux héritiers, des art. 2108 et 2109 du Code civil. » Les créanciers ayant obtenu une hypothèque avaient, pour faire inscrire leur titre, un délai de quinze jours à compter de la transcription de l'acte d'aliénation consentie par le propriétaire de l'immeuble hypothéqué, et aucun délai ne leur était imposé si l'acquéreur ne faisait pas transcrire.

Nous devons reconnaître que l'art. 834 n'a pas été seulement dicté par le désir d'assurer la sécurité des créanciers hypothécaires. L'intérêt fiscal n'est pas étranger à sa rédaction. La loi du 21 ventôse an VII avait fixé les droits perçus par l'enregistrement sur la transcription. Lorsqu'après la promulgation du Code civil, l'usage de cette formalité n'offrant aux acquéreurs qu'une utilité secondaire fut devenu moins fréquent, le trésor public vit diminuer ses ressources. Voulant y remédier, le Directeur de l'enregistrement ordonna aux conservateurs des hypothèques d'inscrire tous les titres de créance hypothécaire, jusqu'à la transcription des contrats translatifs de propriété. C'était obliger, dans une certaine mesure, les acquéreurs à faire transcrire leurs titres.

Des résistances se produisirent. La question fut portée devant le Conseil d'Etat qui, par un Avis du 11 fructidor an XIII, décida que, le vendeur perdant son droit de propriété dès le moment de l'accord des volontés, aucune inscription d'hypothèque ne pouvait avoir lieu de son chef sur l'immeuble aliéné.

En présence de cet échec, la Régie ne se tint pas pour battue. Appuyée par l'empereur qui avait empêché la publication de l'Avis au Bulletin des Lois, elle se posa comme défenseur des intérêts des créanciers hypothécaires. Enfin, elle fit si bien ressortir toute l'injustice qu'il y aurait à les sacrifier à la mauvaise foi d'un débiteur, que le Conseil d'Etat, revenant sur sa décision, inséra la disposition de l'art. 834 dans le Code de procédure civile, dont on préparait alors la rédaction.

Le remède était insuffisant et laissait subsister de graves inconvénients. L'art. 834 visant seulement les cas d'aliénation volontaire, les adjudications résultant d'expropriation forcée continuaient à être soumises aux règles du Code civil.

Il ne s'appliquait, en outre, qu'aux créanciers antérieurs à la vente et ne protégeait pas les acquéreurs et les créanciers postérieurs à une vente clandestine.

Ainsi, un acquéreur était toujours exposé à se voir évincé par un tiers dont le titre avait acquis date certaine antérieurement au sien. Un prêteur sur hypothèque ne pouvait pas s'assurer si son emprunteur était réellement propriétaire de l'immeuble offert en garantie. Le fait de le détenir n'impliquait pas nécessairement son droit de propriété. Il l'avait peut-être vendu et s'en était réservé l'usufruit, ou la livraison ne devait avoir lieu qu'à une époque ultérieure.

Tout créancier hypothécaire, quoique ayant pris des informations, était donc exposé à voir sa garantie rendue illusoire.

Un pareil état de choses portait atteinte au crédit des personnes. Le crédit résulte de la confiance qu'on a de l'efficacité du droit acquis. Il est absolu lorsque le droit est à l'abri de toute atteinte. Il est encore entier lorsqu'on connaît les dangers dont il est menacé; mais ce qui le ruine, c'est l'ignorance de la validité du droit acquis, la crainte perpétuelle d'en être dépossédé par un titulaire antérieur. Cependant, le

Code, en rejetant le système de la loi de Brumaire, avait produit un pareil résultat:

Les propriétaires ne trouvaient plus à emprunter, à vendre même ; on craignait de traiter avec un détenteur frauduleux. La propriété immobilière allait se dépréciant de plus en plus. Une réforme qui donnât de la sécurité aux acquisitions et mît obstacle à la mauvaise foi des vendeurs était indispensable. Aussi , de tous côtés, une réaction énergique se produisit pour le retour au système de la loi de Brumaire. Les praticiens et les économistes appelèrent sur ce point l'attention du législateur qui resta longtemps sourd à leurs trop justes réclamations. Enfin, en 1841, le gouvernement de Louis-Philippe prit l'initiative d'une réforme des lois hypothécaires. Le garde des sceaux, M. Martin (du Nord), ordonna, par une circulaire du 7 mai, une enquête sur l'opportunité du rétablissement de la transcription, comme condition d'efficacité, à l'égard des tiers, de la transmission des immeubles et des droits réels immobiliers.

La Cour de cassation, les Cours royales, les Facultés de droit consultées, se prononcèrent la plupart en faveur de la publicité, mais là s'arrêta cette tentative dont la réalisation eût été si favorable à l'essor du crédit foncier.

En 1850, la question fut reprise sous la forme d'un projet de loi, dont le but était de refondre le titre des *privilèges et hypothèques.* Soumis à l'Assemblée législative, sérieusement discuté, il était arrivé à la troisième lecture lorsque les évènements politiques, en dispersant l'Assemblée, empêchèrent le vote définitif. L'impulsion était cependant donnée, et en 1853, le Gouvernement impérial présenta au Corps législatif un projet de loi plus restreint, dont l'objet était le retour au système de la loi de Brumaire, avec extension du champ d'application de la transcription.

Les partisans de la publicité étaient guidés par un autre motif. Un décret du 28 février 1852 autorisait en France l'institution des Sociétés de Crédit foncier, dont le but est de prêter pour de longs termes sans jamais réclamer le capital qu'on amortit avec les intérêts annuels.

Pour les faire prospérer, pour en favoriser le développement, il fallait les mettre dans la possibilité de contrôler la sûreté de leurs prêts, leur en assurer le recouvrement.

Le projet de loi qui aboutit à la loi du 23 mars 1855 était donc rendu nécessaire par cette nouvelle institution.

DEUXIÈME PARTIE

Loi du 23 mars 1855.

NOTIONS GÉNÉRALES

Cette loi est sans contredit la plus importante qui ait été rendue depuis la promulgation du Code civil, sur l'organisation de la propriété foncière. Reposant sur le principe de la publicité des contrats, elle est revenue au système de la loi de Brumaire dont elle a étendu les applications. D'après ses premiers articles, les actes translatifs ou constitutifs de propriété, de droits réels susceptibles d'hypothèque ou de charges altérant la valeur vénale d'un immeuble, ne peuvent être opposés aux tiers qu'autant qu'ils ont été transcrits. Dans le cas de plusieurs aliénations successives du même immeuble, la propriété appartient à l'acquéreur dont le titre a été présenté le premier à la transcription, fût-il postérieur en date ; toute constitution d'un droit réel sur l'immeuble, consentie par le précédent possesseur, même postérieurement à l'aliénation, a son effet et peut être utilement inscrite tant que l'acquéreur n'a pas fait transcrire son titre ; enfin, le titre du nouvel acquéreur une fois transcrit, il ne peut être exercé sur l'immeuble, du chef du précédent propriétaire, aucun droit réel qui n'a pas été rendu manifeste auparavant, soit par la transcription, soit par l'inscription.

Tel est le système de la loi nouvelle qui, comme on le voit, fait disparaître les dangers que nous avons signalés sous l'empire du Code civil.

La transcription, c'est-à-dire la copie littérale de l'acte sur les registres du conservateur des hypothèques, est donc la formalité destinée à ramener la sécurité dans les transactions, et à favoriser le développement du crédit foncier. Les acquéreurs n'ont plus à craindre de perdre leur propriété ou leur gage, ou de les voir démembrés par une concession de droit réel antérieure à leur contrat, mais inconnue alors. L'état de la propriété de celui avec qui on veut entrer en relations d'affaires est aujourd'hui parfaitement connu par la possibilité de s'en informer auprès du conservateur. Toutefois, il serait faux de croire que les actes transcrits sont à l'abri de toute atteinte. La transcription est sans aucune influence sur l'acte lui-même. Elle n'a pas *d'effet sanatoire*. L'acte nul, entaché de vices ou d'une cause de résolution, ne deviendra pas inattaquable par cela seul qu'il aura été transcrit. Ainsi, dans le cas de vente consentie à *non domino*, le propriétaire véritable pourra toujours revendiquer malgré la transcription du contrat. Cette formalité est seulement destinée

d'après les termes mêmes de l'exposé des motifs,
« à procurer aux tiers créanciers ou acquéreurs, la
publicité matérielle, durable et facile à chercher
des mutations de la propriété immobilière et des
démembrements ou charges qui peuvent en alté-
rer la valeur. »

On a adressé diverses critiques à l'institution de
la transcription. Cette formalité, dit-on, fait de
l'acquisition de la propriété le prix de la course.

Mais n'est-il pas naturel que la préférence soit
accordée à l'acquéreur diligent qui prend toutes
les précautions pour conserver son droit ? D'ailleurs, le résultat n'était-il pas le même sous l'empire du Code civil ? Entre deux acquéreurs successifs d'un même immeuble, celui qui le premier
avait fait enregistrer son titre ne l'emportait-il pas
sur l'autre ?

On ajoute que la transcription atteint un but immoral en légitimant une seconde vente consentie
par le vendeur qui se rend coupable de stellionat.

Ici encore on peut dire que les mêmes fraudes
étaient à craindre dans le système du Code. Lorsque l'acquéreur ou le prêteur concevront des doutes sur l'honnêteté du vendeur ou de l'emprunteur,
ils ne devront livrer l'argent qu'après avoir rempli
la formalité de la transcription. Il n'y a pas de système sans inconvénients et nous croyons que celui
du Code civil en avait beaucoup plus que celui de
la loi de 1855.

Nous n'avons pas l'intention de présenter

un commentaire complet de cette loi. Son objet
est beaucoup trop large pour le titre de notre
thèse qui exclut de notre champ d'étude plusieurs
de ses dispositions. Ainsi nous ne nous occuperons
pas des transmissions des droits réels autres que
le droit de propriété, de la publicité des jugements
et des actes à titre gratuit. D'ailleurs, un texte
fort mal placé, il est vrai, met les donations en
dehors des prévisions de la loi du 23 mars. Le
dernier paragraphe de son art. 11 s'exprime
ainsi : « il n'est point dérogé aux dispositions du
Code Napoléon relatives à la transcription des actes portant donation ou contenant des dispositions
à charge de rendre ; elles continueront à recevoir
leur exécution. »

La loi du 23 mars a, en outre, trait à des questions étrangères à la matière de la transcription,
et se rattachant uniquement au régime hypothécaire. Son art. 6 est relatif à l'époque jusqu'à laquelle les créanciers hypothécaires ou privilégiés
peuvent prendre inscription, en cas d'aliénation
de l'immeuble grevé.

L'art. 7 concerne l'action résolutoire du vendeur d'un immeuble non payé.

Dans ses art. 8 et 9, elle s'occupe des droits des
femmes, mineurs et interdits. Elle a cherché, tout
en sauvegardant l'intérêt de ces personnes, à diminuer les inconvénients résultant de la clandestinité de leur droit hypothécaire, et dans ce but a

soumis son effet rétroactif à son inscription dans l'année qui suivra la disparition de sa cause.

Tous ces points de vue intéressants à étudier doivent être laissés de côté, et nous restreindrons notre examen aux règles sur la transmission à titre onéreux du droit de propriété immobilière et seulement à celles ayant trait aux transmissions conventionnelles.

CHAPITRE PREMIER

Actes soumis à la transcription (1).

L'article premier de la loi de 1855 s'exprime ainsi : sont transcrits tous actes entre-vifs, translatifs de propriété immobilière.....

Tous les actes ne sont donc pas soumis indifféremment à la transcription. Ils doivent remplir certaines conditions.

---

(1) Par suite de l'habitude et du langage de la loi, nous prenons ici le mot *acte* non pas dans le sens *d'écrit,* mais dans celui de *fait juridique* qu'il s'agit de prouver.

SECTION I

CONDITIONS REQUISES

L'acte doit : 1° être entre-vifs ; 2° contenir transmission du droit de propriété ; 3° porter sur des immeubles. Examinons successivement ces diverses conditions :

§ 1.

L'acte doit être entre-vifs.

Ainsi se trouvent affranchies de la transcription les mutations de propriété par décès.

Cette dispense se comprend pour les transmissions *ab intestat* du droit de propriété. D'abord, le premier élément de la publicité fait défaut. Il n'y a pas d'écrit à publier.

En second lieu, subordonner l'efficacité du droit de l'héritier légitime à l'accomplissement de la transcription serait porter atteinte à la vieille maxime : « le mort saisit le vif », d'après laquelle l'héritier acquiert, même à son insu, la succession dès qu'elle est ouverte, c'est-à-dire devient propriétaire, possesseur, créancier, débiteur de toutes les choses dont le défunt était propriétaire, possesseur, créancier, débiteur.

Ce motif avait décidé la plupart des coutumes de nantissement à dispenser de cette formalité les mutations *ab intestat*. Dans le rapport présenté en 1849 à la commission chargée de formuler un projet de loi de réforme hypothécaire, M. Persil, afin d'ouvrir la voie d'une universelle publicité, voulait imposer aux receveurs de l'enregistrement à qui les déclarations *ab intestat* devaient être faites dans les six mois du décès, l'obligation de donner immédiatement connaissance aux conservateurs dans le ressort desquels étaient situés les immeubles dépendant de la succession, de la mutation qui venait de s'opérer, afin qu'il en pût être fait mention sur les registres de transcriptions.

Cette mesure fut regardée comme une complication inutile par les rédacteurs de la loi de 1855, et ils ne l'ont pas reproduite. Ils ont trouvé que les tiers seraient suffisamment avertis par l'ouverture de la succession qui est généralement connue et par la double déclaration faite à l'officier de l'état civil et au bureau de l'enregistrement. Ils ont aussi écarté de son application les transmissions de propriété par testament.

Toutefois, ce résultat ne fut atteint qu'après une vive discussion au sein de la commission du Corps législatif. Les partisans de la publicité firent ressortir tous les inconvénients qu'il y aurait à aller ainsi contre les vues générales de la loi dont le but était de consolider le crédit foncier, but qui, dans l'espèce, ne serait pas atteint puisque les tiers qui auraient traité de bonne foi avec l'héritier légitime, propriétaire apparent, institué publiquement par la loi, seraient exposés à une éviction postérieure par la découverte d'un testament que rien ne leur aurait révélé (1). Quoi qu'il en soit, la majorité de la commission poussant un peu trop loin son religieux attachement pour la maxime : « *Le mort saisit le vif* », se prononça pour la clandestinité.

Elle fut aussi entraînée dans cette voie par d'autres considérations. D'abord elle se conformait à l'ancien droit qui assimilait les mutations par testament à celles *ab intestat*. A cette autorité des précédents historiques vint se joindre l'intérêt du légataire auquel on préféra sacrifier l'intérêt public. Si, dit-on, vous lui imposez l'obligation de faire transcrire le testament, vous l'exposez à se voir privé des libéralités à lui faites par le défunt. Vous le mettez à la merci de l'héritier légitime qui pourra ne l'avertir de son droit qu'après avoir disposé des biens de la succession en faveur de tiers à l'abri de toute éviction de sa part, puisqu'il n'aura pas transcrit.

Et puis, ajouta-t-on, il ne serait pas convenable

(1) En fait, cet inconvénient n'existe pas, car la jurisprudence est unanime pour valider les ventes consenties par l'héritier apparent à un acheteur de bonne foi.

de paralyser le droit de tester dans la personne du testateur par l'exigence d'une formalité postérieure à son décès et ne dépendant point de lui.

Tels furent les divers motifs qui firent écarter de l'application de la loi de 1855 toutes les acquisitions de la propriété immobilière à cause de mort.

§ 2.

L'acte doit être translatif du droit de propriété.

Cette seconde condition que doit présenter tout acte entre-vifs, pour être soumis à la formalité de la transcription, en écarte par le fait même tout acte tendant à faire cesser l'indivision existant entre communistes, à quelque titre que ce soit.

Nous verrons plus loin que les actes déclaratifs ne furent dispensés de la publicité qu'après une vive discussion.

§ 3.

L'acte doit porter sur des immeubles.

Enfin la loi de 1855 n'assujettit à la transcription que les actes entre-vifs, translatifs de propriété immobilière.

Sous l'expression générale de propriété immobilière, on doit comprendre :

1° La pleine propriété comprenant le dessus et le dessous du sol ;

2° La propriété superficiaire, résultant soit d'un contrat de superficie, soit d'un bail à domaine congéable. La propriété des édifices appartient au possesseur et la propriété du sol au bailleur ;

3° La propriété du dessous ou tréfonds (art. 553);

4° Les actions immobilisées de la Banque de France et les rentes sur l'Etat 3 0[0 acquises pour servir de placement ou de remploi (art. 46, L. 2, juillet 1862) ;

5° La propriété des mines exploitées en vertu d'un acte de concession du gouvernement conformément à la loi du 21 avril 1810.

Le propriétaire d'un fonds a, en principe, la propriété de tous les objets qui se trouvent au-dessous (art. 552, al. 3). Néanmoins, l'exercice de ce droit se trouve parfois circonscrit dans des limites basées sur certains motifs. Parmi ces restrictions figurent celles concernant l'exploitation des mines. Aux termes de la loi de 1810 (art. 10), les mines ne peuvent être exploitées qu'en vertu d'un acte de concession délibéré en Conseil d'Etat. Cette concession faite soit au propriétaire du sol, soit à un étranger, a pour résultat de séparer la propriété de la surface de celle de la mine, qui est un immeuble sur lequel des hypothèques pourront être prises (art. 8, 19,) et dont la transmission devra dès lors être soumise à la formalité de la transcription.

Lorsque l'exploitation est concédée à un autre que le propriétaire de la surface, le droit de celui-ci se convertit en une redevance annuelle due par le concessionnaire. On s'est demandé si la cession de ce droit doit être transcrite ?

Avec M. Flandin, nous résoudrons la question par une distinction. Si le droit à la redevance est cédé avec la propriété de la surface, nul doute que la cession ait alors un caractère immobilier et, à ce titre, soit soumise à la formalité de la transcription. Mais si le propriétaire du sol aliène son droit indépendamment de la superficie, la transcription ne sera pas nécessaire. La redevance, en effet, étant un accessoire de la propriété superficiaire (art. 18 et 19, L. 1810), reprend son caractère mobilier dès qu'elle en est séparée.

Ainsi a décidé la Cour de cassation dans un arrêt du 15 janvier 1849, qui s'exprime comme il suit : « Le droit de redevance attribué au propriétaire du sol dans lequel existe une mine concédée à des tiers, est un droit mobilier. Dès lors, la vente de ce droit, lorsqu'il se trouve séparé de la propriété par suite d'aliénation, ne peut donner ouverture au droit de transcription. »

La cour suprême voit dans la redevance payable annuellement par le concessionnaire d'une mine au propriétaire de la surface une rente, et les rentes sont mises, par les art. 529 et 530 du Code civil, au rang des biens mobiliers.

La loi de 1810 s'occupe aussi des minières et des carrières, mais se contente d'indiquer les caractères qui les distinguent des mines. Elle n'en fait pas, comme de ces dernières, une propriété distincte et indépendante de celle de la surface. Aussi doit-on décider que la cession du droit d'exploiter une minière ou une carrière ne constitue pas une vente immobilière, et, comme telle, n'est pas sujette à la transcription. Le droit purement mobilier du concessionnaire se résume dans la faculté d'extraire une quantité déterminée ou indéterminée de matériaux.

On devrait toutefois voir une vente immobilière tombant sous l'application de la loi de 1855 dans l'acte par lequel le propriétaire de la surface joindrait à la cession du droit d'exploiter la vente du tréfonds.

Si le droit d'exploiter une minière ou une carrière avait été concédé non pas à une personne, mais en faveur d'un fonds, il y aurait constitution d'une servitude dont la transcription serait exigée en vertu de l'art. 2. 1° l. 1855;

6° Les actions immobilières, telles que les actions en revendication, en réméré.

On peut considérer les titulaires comme des propriétaires sous condition suspensive, et comme en vertu du brocard de droit *is qui actionem habet ad rem recuperandam, rem ipsam habere videtur*, ces actions se confondent en quelque sorte avec le droit de propriété lui-même, il en résulte que la cession d'une d'entre elles équivaut à la cession directe du bien lui-même, et par suite est soumise à la transcription.

A l'inverse, ne rentrent pas sous l'expression de propriété immobilière :

1º Les actions dans les compagnies de finance, de commerce ou d'industrie, encore que des immeubles dépendant de ces entreprises appartiennent aux compagnies. Le transport de ces actions ne constitue qu'une vente mobilière. L'art. 529 du Code civil ne laisse aucun doute à cet égard;

2º Les objets attachés pour le service et l'exploitation d'un fonds, considérés isolément. Immeubles par destination, leur transmission est soumise à la transcription, si elle a lieu avec celle du fonds (art. 522 et suivants du Code civil); mais détachés, ils reprennent leur caractère mobilier;

3º Les récoltes de fruits pendants par branches ou par racines, les coupes de bois tenant encore au sol, les maisons vendues pour être démolies. Leur aliénation n'est pas sujette à transcription.

Le Code civil nous dit bien que les objets de ces ventes sont immeubles dans leur condition présente, mais il ajoute qu'ils deviennent meubles une fois détachés (art. 520, 521, 532). Or, qu'ont voulu les parties ?

L'une vendre, l'autre acquérir, non pas une portion de l'immeuble, mais les fruits, les arbres, les matériaux, considérés isolément, indépendamment du sol, de l'édifice, en un mot des meubles futurs. Ces ventes sont donc mobilières, et comme telles non soumises à la transcription. Ainsi l'a maintes fois décidé la Cour de cassation (1). On en a aussi la preuve, non-seulement dans la loi du 22 frimaire an VII qui frappe ces sortes de vente des mêmes droits que les ventes mobilières, mais encore dans l'art. 1er de la loi du 5 juin 1851 permettant aux notaires, commissaires-priseurs, huissiers et greffiers de justice de paix de faire les ventes publiques volontaires de cette nature, alors que les notaires seuls peuvent procéder aux ventes immobilières ;

4° La cession de l'action en résolution appartenant au vendeur d'un immeuble non-payé.

Ici, en effet, l'action résolutoire est l'accessoire de la créance du prix qu'a eu surtout en vue le cessionnaire. Il a voulu se faire payer avant de songer à faire résoudre la vente. On se trouve en présence de la cession d'une créance qui doit être régie par l'art. 1690, C. civil.

Tout acte réunissant ces conditions est sujet à transcription, qu'il soit authentique ou sous seing privé.

Cette doctrine ressort du texte de la loi qui ne fait aucune distinction, et des travaux préparatoires desquels il résulte que l'entente ne se fit pas tout d'abord sur ce point.

(1) Cassation, 25 février 1812 ; 8 septembre 1813; 24 mai 1815; 4 avril 1827.

Plusieurs membres de la commission voulaient restreindre la nécessité de la transcription aux seuls actes authentiques, mais ils durent abandonner leur opinion, dont une des conséquences était d'entraver la liberté et la facilité des transactions, en rendant impraticable, avec sécurité, l'emploi si usité et si commode des actes sous seing privé.

Les actes passés à l'étranger, ayant pour objet des immeubles situés en France, doivent être transcrits. Ils n'ont pas besoin d'être rendus exécutoires par un tribunal français, car la transcription est une simple formalité et non un acte d'exécution.

SECTION II

EXAMEN DES DIVERS CAS OU CES CONDITIONS SE RENCONTRENT.

Il sera facile, connaissant les conditions requises, d'indiquer les transmissions à titre onéreux du droit de propriété immobilière soumises à la transcription.

§ 1.

De la vente.

La vente est sans contredit le contrat à titre onéreux le plus important, le plus usité, et on peut

11

même dire que c'est elle qui, en révélant les funestes conséquences de la clandestinité des mutations, a été le principal objectif des rédacteurs de la loi du 23 mars 1855. Parfaite entre les parties contractantes dès qu'on est convenu de la chose et du prix (art. 1583), elle ne devient opposable aux tiers qu'après la transcription de l'écrit la constatant. Mais la vente n'est pas toujours pure et simple, passée entre personnes présentes agissant par elles-mêmes, ayant en vue un objet certain et déterminé ; elle peut se présenter sous différents aspects, avec certaines modalités.

1° *Vente verbale.* — Et d'abord, la vente peut être verbale. Valable entre le vendeur et l'acquéreur malgré l'absence d'un écrit qui n'est exigé qu'*ad probationem*, comment la porter à la connaissance des tiers? Mourlon (Transc., tome I, § 26) remplace l'écrit par un bordereau fait et signé par le requérant énonçant toutes les indications que les tiers ont intérêt à connaître. Mais ce système ouvre la porte à des fraudes nombreuses. Qui empêchera le premier venu de faire transcrire un bordereau quelconque et d'entraver ainsi la circulation d'un immeuble ?

Le propriétaire pourra, il est vrai, demander des dommages à l'auteur de ce préjudice, mais il risque de voir sa réclamation rendue illusoire par l'insolvabilité de ce dernier.

D'ailleurs, si on pouvait suppléer à l'absence du

titre, pourquoi la loi aurait-elle pris le soin, dans
le 3° de l'art. 1er, de soumettre à la transcription
tout jugement qui constate l'existence d'une vente
verbale ? C'est que dans son esprit les conventions verbales ne doivent pas être transcrites.

Selon nous, l'acquéreur qui, se méfiant de la
bonne foi de son vendeur, ne veut pas s'exposer à
voir son droit anéanti par des actes ultérieurs,
doit, à défaut d'écrit faisant preuve de la vente, la
faire constater par un jugement qu'il transcrira.
Ainsi l'a décidé la Cour de cassation dans un arrêt
du 11 janvier 1870.

2° *Vente par correspondance.* — La validité de
cette sorte de vente ne fait pas de doute. Il s'agit
de savoir quelles sont les pièces devant être transcrites pour mettre l'acquéreur à l'abri des actes
postérieurs consentis par le vendeur.

On peut dire d'une façon générale que la transcription doit embrasser toutes les pièces nécessaires pour constater régulièrement l'existence et
les conditions de la vente. Ces pièces sont les
lettres écrites par le vendeur et l'acquéreur.

Mais, dit-on, vous faites transcrire des titres
nuls, non susceptibles d'être admis en justice, puisqu'ils violent la prescription de l'art. 1325, C. civ.
Les lettres, en effet, écrites par les parties, n'ont
pas été faites en double.

Cette objection rencontre une double réfutation,

dans le texte du Code civil et dans l'esprit de la loi de 1855.

L'art. 1325 exige, il est vrai, pour la validité des actes sous seing privé, autant d'originaux qu'il y a de parties ayant un intérêt distinct; mais l'acte sous seing privé ne doit pas être confondu avec la lettre missive. Le Code lui-même reconnaît cette distinction (art. 1985, C. civ. et 109 C. comm.). Dès lors ce qui est dit pour les actes ne doit pas être étendu aux lettres missives.

Puis, qu'importe la validité du titre à l'efficacité de la transcription ? Cette formalité, dans l'esprit de la loi du 23 mars 1855, n'a qu'un but : porter à la connaissance des tiers les mutations de propriété par la publicité du contrat translatif, même imparfait. L'acquéreur qui a ainsi transcrit et légalement établi sa propriété par d'autres moyens de preuve, ne peut pas se voir opposer par les tiers la non-validité de la transcription basée sur un défaut du titre. Ceux-ci n'ont pas à se plaindre ; ils ont été avertis du déplacement de la propriété, la loi est satisfaite.

3° *Vente conditionnelle.* — La vente peut être faite sous une condition, soit suspensive, soit résolutoire (art. 1584). Dans ces deux hypothèses, y a-t-il lieu à la transcription de l'acte qui la constate?

La condition suspensive arrête, nous le savons, la transmission de la propriété qui continue de rési-

der sur la tête du vendeur (art. 1182). Puisque
dès lors il n'y a pas transfert de propriété, il semble
que la transcription ne soit pas nécessaire. Toutefois, cette conséquence conforme aux principes doit
être rejetée en présence d'une autre considération.

L'acquéreur, bien que n'étant pas encore propriétaire de l'immeuble, est cependant investi d'un
droit de propriété conditionnel qui compte dans
son patrimoine puisqu'il peut le transmettre à ses
héritiers, le défendre par des actes conservatoires
(art. 1180), le grever d'hypothèques (art. 2125).

Sous l'empire du Code civil, si la condition venait à se réaliser, son effet rétroactif (art. 1179)
faisant considérer l'acquéreur comme propriétaire
du jour du contrat, consolidait les droits réels
constitués par lui sur l'immeuble *pendente conditione*, et annulait tous ceux établis par le vendeur
comme ayant été consentis sur la chose d'autrui;
les ayant-cause de ce dernier étaient lésés, mais
les droits de l'acheteur étaient sauvegardés.

La loi du 23 mars 1855 est venue modifier, dans
l'intérêt des tiers, la rétroactivité de la condition au
cas où il s'agit d'un acte soumis à la formalité de la
transcription. Aujourd'hui, la condition accomplie ne
rétroagit qu'à l'époque où les tiers ont pu connaître
la mutation conditionnelle, c'est-à-dire au jour de
la transcription. On voit donc tout l'intérêt qu'a
l'acquéreur à transcrire immédiatement le contrat
de vente, s'il veut mettre l'immeuble à l'abri des
charges dont son auteur pourrait le grever.

Maintenant, comment les tiers sauront-ils que la condition s'est ou ne s'est pas accomplie ?

L'accomplissement de la condition est un fait de nature à produire, il est vrai, des effets légaux importants, mais en dehors de la loi nouvelle, car il ne rentre pas dans la catégorie des actes énumérés par les art. 1 et 2 de la loi. Cette lacune est regrettable, et les tiers devront suppléer à l'insuffisance du texte par un redoublement de prudence, de vigilance et en prenant de sérieuses informations.

La vente sous condition résolutoire doit aussi être transcrite. Dans ce cas, il y a transmission de propriété au moment du contrat (art. 1183) ; les tiers doivent en être avertis. Ils sont en même temps prévenus que cette mutation n'est pas irrévocable et qu'ainsi l'acheteur ne peut leur conférer que des droits révocables comme le sien.

Cette modalité prend le plus ordinairement le nom de pacte de rachat, par lequel le vendeur se réserve de reprendre la chose vendue, moyennant le prix principal et le remboursement dont il est parlé à l'art. 1673 (art. 1659).

Il n'est pas douteux que l'acte constatant la vente avec faculté de rachat doive être transcrit. Mais faudra-t-il une nouvelle transcription de l'acte par lequel l'acquéreur recevra ce qui lui est dû pour l'exercice du rachat et consentira à ce que le vendeur reprenne l'immeuble ?

La négative doit être admise si le rachat a lieu dans les termes et délais fixés par la convention et les limites légales. La vente à réméré pouvant être considérée comme une vente sous condition résolutoire, il en résulte que l'évènement de la condition, c'est-à-dire la restitution par le vendeur à l'acheteur du prix et des sommes accessoires énumérées dans l'art. 1673, remet les choses au même état qu'auparavant. Il n'y a pas translation nouvelle de propriété, mais mise au néant de la première. Le vendeur est censé n'avoir jamais cessé d'être propriétaire et l'acquéreur ne l'avoir jamais été.

Toutefois, chose bizarre, l'exercice de la faculté de rachat sera connu des tiers si le retrayant est obligé de recourir à la justice pour faire valoir son droit. L'art. 4 de la loi nouvelle, exige en effet la mention du jugement qui aura prononcé la résolution en marge de la transcription de l'acte de vente.

Pareille publicité aurait dû être imposée au réméré exercé à l'amiable.

4° *Vente à terme.* — Le terme ne différant pas le transfert de propriété, la vente affectée de cette modalité doit être transcrite.

5° *Vente à l'arbitrage d'un tiers.* — Lorsque la fixation du prix de vente a été laissée à l'arbitrage d'un tiers, l'acte doit être publié. Il y a, en effet, une vente sous condition suspensive dont la perfection est subordonnée à un évènement futur et incertain : la détermination du prix par l'arbitre. Si la condition se réalise, l'acheteur ne pourra invoquer la rétroactivité de l'art. 1179 à l'encontre des ayant-cause de son auteur qu'autant qu'ils auront été prévenus par la transcription. Il est donc de son intérêt d'accomplir cette formalité au moment de l'acte de vente.

6° *Vente alternative.* — Que l'on adopte l'opinion de Mourlon, qui décompose la vente alternative en deux ventes conditionnelles (1) ou celle de MM. Aubry et Rau (2) qui attribuent à l'acquéreur un droit actuel sur les deux choses comprises *in obligatione*, droit qui s'évanouira cependant, quant à l'une d'elles, par le choix de l'autre, la transcription sera nécessaire dès le moment du contrat quand il aura pour objet deux immeubles ou un immeuble et une chose mobilière.

7° *Promesses de vente.* — L'acte contenant la promesse de vente doit-il être transcrit ?

Il faut distinguer suivant les différentes espèces de promesses de vente qui sont au nombre de trois.

PREMIÈRE ESPÈCE. — *Pollicitation.* — C'est une offre qui n'est ni acceptée, ni refusée et qui peut

(1) Mourlon. — Trans. hyp., t. I, p. 83.
(2) Aubry et Rau. — T. II, § 209, note 1.

être rétractée tant qu'elle n'a pas été acceptée. Il n'y a pas ce concours de volontés exigé pour former un contrat, pour transférer la propriété ; partant, la transcription ne saurait être nécessaire.

DEUXIÈME ESPÈCE. — *Promesse unilatérale de vente.* — La promesse est acceptée par celui à qui elle est faite, mais ce dernier ne s'engage pas à acheter. L'acte constatant l'offre et l'acceptation doit-il être transcrit?

Mourlon et Duranton admettent l'affirmative, voyant dans la promesse unilatérale de vendre une vente conditionnelle subordonnée à la volonté éventuelle de l'acheteur et remontant, lorsque ce consentement intervient, au jour où la promesse a été faite.

Cette opinion, croyons-nous, confond avec une condition suspensive à laquelle aurait été subordonnée une vente d'ailleurs parfaite, un élément nécessaire à l'existence même de la vente. Or, un élément indispensable à la formation du contrat ne peut être assimilé à une condition. Dans le cas qui nous occupe, on ne peut pas voir une vente conditionnelle, car ce que l'on prend pour la condition est l'élément indispensable à sa formation : le concours des volontés corrélatives d'aliéner et d'acheter, concours qui fait ici défaut, puisque l'acheteur éventuel n'a consenti à acheter ni présentement, ni plus tard. La vente ne peut donc exister et la propriété être transférée que du jour où la seconde volonté viendra se joindre à la première. A partir de ce moment seulement la transcription sera nécessaire.

TROISIÈME ESPÈCE. — *Promesse synallagmatique de vendre et d'acheter.* — La promesse de vendre a été acceptée et suivie de la promesse d'acheter. Aux termes de l'art. 1589, la promesse de vente valant vente lorsqu'il y a consentement des deux parties sur la chose et sur le prix, doit aussi en produire les effets, notamment le transfert de propriété. Dès lors, l'écrit la constatant doit être transcrit.

Il ne faut pas cependant prendre l'art. 1589 au pied de la lettre, et l'intention des parties doit être un guide précieux dans la solution à adopter.

Dumoulin faisait dans l'ancien droit une distinction. Lorsque les parties avaient en vue le transfert immédiat de la propriété, ainsi elles avaient voulu faire une vente actuelle, purement verbale, se promettant de dresser plus tard un écrit, la promesse de vente était assimilée à une vente proprement dite. Lorsque, au contraire, elles avaient voulu différer l'existence de la vente à une époque plus éloignée par la concession d'un délai, par exemple, il n'y avait alors qu'une promesse synallagmatique non translative de la propriété.

Nous croyons que l'art. 1589 doit être interprété au moyen de cette distinction. Dès lors, dans le premier cas, la transcription de l'acte constatant la promesse devra avoir lieu tout de suite, tandis que dans le second elle ne sera exigée qu'à l'expiration du délai accordé, puisque jusque-là il n'y a pas transfert de propriété.

8° *Vente annulable ou rescindable*. — La transcription d'une vente immobilière par une personne incapable ou dont le consentement a été vicié, doit avoir lieu immédiatement. Cette formalité, en effet, n'a pas pour résultat de purger les vices dont peut être affecté le fond du droit. Le transfert de propriété n'est pas d'ailleurs arrêté, puisque l'annulabilité ou la rescision peuvent être couvertes, soit par la confirmation (art. 1338), soit par la prescription (art. 1304), et lorsque la confirmation intervient après la cessation de la cause d'annulabilité ou de rescision, son effet rétroagit au jour de la passation de l'acte, lequel est réputé régulier et valable *ab initio*.

L'art. 1338 ajoute que cette rétroactivité ne doit point préjudicier aux droits des tiers ; mais s'ils ont été avertis du déplacement de la propriété par la transcription de l'acte de propriété, l'acquéreur ne sera pas obligé de respecter les droits que pourra leur avoir concédés le vendeur depuis la disparition de la cause d'annulabilité ou de rescision. Il y a donc grand intérêt à accomplir cette formalité dès le début.

Lorsqu'il aura pris cette mesure de sûreté, devra-t-il en outre faire transcrire l'acte de confirmation ? Nous ne le croyons pas. La confirmation est un acte juridique par lequel on fait disparaître les vices dont se trouve entachée une convention contre laquelle on aurait pu se pourvoir par voie de nullité ou de rescision, c'est en d'autres termes la renonciation au droit d'attaquer la convention annulable ou rescindable. Elle n'emporte pas mutation de propriété. Le contrat de vente est seulement censé avoir toujours été valable.

D'ailleurs, pourquoi exigerait-on ici la transcription, alors qu'elle n'est pas imposée dans le cas d'une confirmation tacite à l'incapable qui laisse passer le temps nécessaire pour intenter son action (art. 1304) ?

Il faudrait admettre la solution inverse si nous nous trouvions en présence d'une vente nulle, inexistante. L'acte appelé improprement : acte de confirmation doit alors être transcrit. En effet, la convention primitive ne peut être validée, car le néant ne peut être confirmé, *quod nullum est confirmari nequit*. Il se produit un contrat nouveau, une vente nouvelle dont la transcription est nécessaire du jour de sa passation puisque la translation de propriété ne s'est effectuée qu'à cette époque.

Et qu'on ne nous oppose pas l'art. 1340 dont la disposition tout-à-fait exceptionnelle doit être restreinte au seul cas prévu par lui. Si une donation inexistante pour défaut de forme peut être confir-

mée par les héritiers du donateur, c'est que ceux-
ci doivent pouvoir renoncer à l'emploi de formalités qui ont été exigées par le législateur dans
leur intérêt, pour conserver les biens dans les familles.

9° *Vente par mandataire.* — Lorsque le vendeur ou l'acheteur se sont fait représenter au contrat par un mandataire, nul doute que la vente
doive être transcrite.

Quant à la procuration, sa transcription n'est
pas nécessaire, comme n'étant d'aucune utilité
aux tiers. Ils sont avertis du déplacement de la
propriété par la publicité donnée au contrat de
vente qui leur est opposable indépendamment de
sa perfection pourvu qu'on en établisse l'existence
par d'autres moyens. Toutefois, s'ils veulent s'assurer de la validité de la mutation, ils peuvent se
faire présenter l'acte de procuration.

Cette doctrine était celle de la loi du 11 Brumaire an VII et fut consacrée par un arrêt de la
Cour de cassation du 27 nivôse an XII. Rien ne
prouve qu'il faille l'abandonner de nos jours.

10° *Vente dans laquelle est intervenu un negotiorum gestor.* — Un tiers, sans avoir reçu mandat,
s'est porté fort pour un autre dans un acte de
vente. A quel moment la transcription est-elle
nécessaire ?

Si nous supposons que le *negotiorum gestor* a

agi au nom du vendeur, la transcription ne sera nécessaire qu'après la ratification par ce dernier de la vente faite en son nom et devra comprendre l'acte de vente et l'acte de ratification ; le premier, parce qu'il renferme les clauses et conditions de la transmission à intervenir ; le second, parce qu'il constitue le fait générateur de la mutation. Jusqu'au moment de la ratification, le vendeur n'a pu être dépouillé de la propriété par un acte auquel il n'a pas donné son consentement et émanant d'une personne n'ayant aucun droit sur l'immeuble ; *nemo plus juris ad alium transferre potest quam ipse habet.*

Si le *negotiorum gestor* s'est porté fort pour l'acquéreur, la transcription doit avoir lieu immédiatement. Quoique la vente ne soit définitive que par l'acceptation de l'acheteur, le vendeur a consenti à se dessaisir de sa propriété en faveur de ce dernier, il est lié envers lui, et afin de garantir l'acquéreur contre les droits qu'il pourrait concéder à des tiers, le *negotiorum gestor* agira sûrement en transcrivant une pareille vente. L'acte de ratification n'aura pas besoin d'être inscrit sur les registres du conservateur, la publicité de l'acte de vente suffisant pour avertir les tiers.

11° *Vente avec déclaration de command.* — Une telle vente est celle dans laquelle l'acquéreur se réserve de désigner, dans un certain délai, une tierce personne inconnue du vendeur et qui prendra le marché pour elle.

L'acte de vente doit d'abord être transcrit puisqu'il y a transfert de propriété du vendeur à l'acquéreur nominal, et il est de l'intérêt de ce dernier de se mettre à l'abri des concessions ultérieures de son auteur.

Cette première transcription doit être suivie d'une seconde : celle de la déclaration du command afin d'avertir les tiers que l'acheteur, ayant usé de sa faculté, ne peut plus désormais leur conférer des droits opposables au command. Si l'acceptation de celui-ci est postérieure à la déclaration, il n'a pas besoin de la transcrire, les tiers étant suffisamment avertis du changement de propriétaire par la transcription de la déclaration du command.

Lorsque, avant la transcription de la déclaration, l'acquéreur nominal a traité avec des tiers qui ont publié leur droit, il est censé renoncer par cela même à élire command et celui-ci ne peut méconnaître les concessions qu'il leur a faites.

12° *Ventes administratives.* — L'Etat, les départements, les communes possèdent des biens qui se divisent en deux catégories : les biens du domaine public destinés à l'usage des citoyens, les biens du domaine privé qui leur appartiennent comme à de simples particuliers.

Les biens du domaine public, tant qu'ils en font partie, sont frappés d'indisponibilité. Ils ne peuvent faire l'objet que de concessions administratives révocables par lesquelles l'Etat aliène la jouissance seulement, la propriété restant entre ses mains. Lorsqu'il concède un chemin de fer, un canal, etc., il n'y a pas de transmission d'un droit sujet à transcription, mais plutôt création d'un droit dont l'existence est publiée par l'insertion au Bulletin des Lois du décret qui le concède.

Quant à la seconde catégorie de biens, le principe de l'indisponibilité ne lui est pas applicable. L'Etat, les départements, les communes, les établissements d'utilité publique peuvent les aliéner. Nous devons nous demander si les ventes consenties par ces personnes morales sont soumises à la formalité de la transcription. Quoique certaines formes soient requises pour leur validité, on ne voit pas pourquoi elles échapperaient à la loi de 1855 qui, par ses termes généraux, vise tout acte translatif.

« Il ne s'agit là, en effet, dit M. Bressolles (1), que de *contrats ordinaires*, régis par le droit civil, le même *dans ses principes* pour les personnes morales que pour les particuliers : la forme administrative ne change rien à la nature de ces actes, qui ne constatent que des *conventions privées*, et les fonctionnaires qui y figurent parlent, non pas

(1) Transc. hypot., n° 26.

en *ordonnant*, comme le pouvoir public, mais en
stipulant et traitant, comme les administrateurs-
gérants du *patrimoine privé* des personnes morales. »

On ne peut pas trouver contre notre opinion un
argument dans la discussion de la loi de 1855 au
Corps législatif dont, au contraire, le silence sur
ce point prouve bien son intention de soumettre
les ventes administratives à la transcription.
« Mais, ajoute M. Bressolles, pour se dispenser de
cette formalité, dans le cas d'aliénation du domaine
de l'Etat, on voudra se prévaloir d'une opinion
qui a été émise dans ce sens par les commissaires
du gouvernement, devant la commission du Sénat,
et dont le rapporteur a tenu note (1). Quel que soit
le respect auquel a droit une telle interprétation
de la loi, elle ne peut l'emporter sur les principes
incontestables qui régissent les personnes morales,
quant à leur patrimoine et auxquels rien ici ne
déroge. Les commissaires du gouvernement ont
déclaré que le projet de loi concerne uniquement
les *contrats privés* ; or, la vente n'est pas autre
chose. La circonstance qu'il faut une loi pour l'a-
liénation du domaine de l'Etat est ici sans influence,
car la loi spéciale, qui est alors rendue, *autorise*,
mais *ne constitue pas* la vente ; il y a d'ailleurs des
cas, rares il est vrai, mais certains, où l'aliénation
domaniale n'a pas même besoin d'être autorisée

____

(1) Rapport au Sénat, p. 11.

12

législativement (voy. not. L., 3 mai 1841, art. 60,
etc.) »

Troplong, un des rares défenseurs de l'opinion
que nous combattons, après avoir invoqué la discussion qui eut lieu au Sénat, donne à l'appui de sa
thèse deux autres arguments. La transcription,
dit-il, est un acte de méfiance de l'acquéreur envers son vendeur ; or, on ne doit pas se méfier de
l'Etat qui ne consentira jamais deux aliénations
successives du même immeuble. — « De plus, elle
est un acte *judiciaire*, si l'on peut ainsi parler ;
elle est du domaine des tribunaux, et comme l'interprétation des actes administratifs est de la com-
pétence de l'administration, il est clair que la
transcription, telle qu'elle est organisée dans la loi
du 23 mars 1855, contiendrait, si elle était appliquée aux actes administratifs, un empiétement sur
la ligne de démarcation qui sépare le domaine des
tribunaux de l'administration. »

Cet auteur se trompe lorsqu'il ne voit dans la
transcription qu'un acte de méfiance, elle a aussi
pour but de prémunir contre l'oubli et l'erreur. Or
qui peut assurer que les administrateurs de l'Etat,
ignorant la vente de tel immeuble consentie par
leurs prédécesseurs, ne procéderont pas à une nouvelle aliénation du même bien ? Il faut alors que le
premier acquéreur puisse faire valoir son droit et
l'opposer au second.

Quant au second argument, il repose sur une
confusion. Si un débat s'élève pour défaut de

transcription, il ne s'agit pas d'interpréter un acte administratif, mais de vider une question de propriété entre deux acquéreurs successifs qui revendiquent chacun le même immeuble, question qui est du domaine des tribunaux ordinaires.

La loi du 23 mars 1855 est donc applicable aux ventes administratives. Comprend-elle aussi les contrats de cessions amiables passés administrativement avec les propriétaires dont les immeubles ont été reconnus nécessaires, par arrêté du Préfet, pour des travaux légalement déclarés d'utilité publique ? En d'autres termes, a-t-elle, en ce qui touche la transcription, abrogé la loi du 3 mai 1841 sur l'expropriation pour cause d'utilité publique ?

Nous croyons que non en vertu d'une règle connue d'interprétation des lois d'après laquelle « *specialia generalibus derogant* » les lois spéciales dérogent aux générales.

D'ailleurs, la loi du 3 mai 1841 a organisé un système de publicité pour affranchir les immeubles cédés des droits réels que peuvent avoir sur eux les tiers, droits qu'elle transforme en actions sur le prix (art. 15 à 19). La transcription telle qu'elle est organisée par la loi de 1855 serait donc un acte vain et inutile.

13° *Donations déguisées sous forme de vente.* — Avant la loi du 23 mars 1855, la question de savoir si ces sortes d'actes étaient soumis à la trans-

cription était controversée, et on comprend ce
doute en présence de la législation du Code civil
qui exigeait la publicité des donations et en dis-
pensait les contrats de vente. Or, les actes dont
nous nous occupons étaient des donations quant
au fond et des ventes quant à la forme.

Aujourd'hui, aucune hésitation n'est permise
pour soumettre ces actes à la loi du 23 mars, puisque les contrats à titre onéreux comme ceux à
titre gratuit doivent être transcrits.

§ 2.

De la Dation en paiement.

La *Datio in solutum* est l'acte par lequel un débiteur paye son créancier avec une chose autre
que celle qu'il lui doit. Lorsque cette chose est un
immeuble, ce dernier doit transcrire l'acte qui le
lui transmet.

La dation en paiement peut s'analyser en une
vente suivie de compensation. Le débiteur est censé
vendre l'immeuble à son créancier pour le montant de sa dette, et aussitôt se produit une compensation entre le prix de l'immeuble et le montant de la créance. C'est ce qui faisait dire aux
jurisconsultes romains : *dare in solutum est ven-
dere.* Le transfert de propriété se produit donc au
moment où les parties sont d'accord sur l'immeuble

objet de la dation en paiement et dès lors nous
sommes en présence d'un acte remplissant les
conditions requises pour être assujetti à la transcription.

On peut citer comme exemple de dations en
paiement les cas prévus par l'art. 1595 du Code
civil. Ainsi on doit transcrire l'acte par lequel le
mari cède à sa femme, séparée ou non, un de ses
immeubles personnels en paiement de ses droits et
celui par lequel la femme cède au mari un de ses
immeubles en paiement de la dot qu'elle lui avait
promise. Pareille solution doit être admise pour
les abandons d'immeubles faits, même par un ascendant, en paiement d'une dot promise en argent.
Il y a en effet aliénation par acte entre-vifs et à
titre onéreux.

§ 3.

De l'Echange.

L'échange, dit l'art. 1702, C. c., est un contrat
par lequel les parties se donnent respectivement
une chose pour une autre. Lorsqu'une de ces
choses ou toutes deux sont des immeubles, la transcription du titre qui constate l'échange est nécessaire.

Aux termes de l'art. 1703, l'échange s'opère
par le seul consentement, de la même manière que
la vente. Dès que les parties sont d'accord, cha-

cune devient propriétaire de la chose qu'elle a
stipulée en échange de la chose qu'elle a promise;
il se produit une double mutation de propriété qui
doit être portée à la connaissance des tiers. Pour
atteindre ce but, lorsque les deux immeubles sont
situés dans deux arrondissements différents, il
faut transcrire en entier, dans chaque bureau de la
situation, le contrat d'échange.

§ 4.

De la Cession de biens.

La cession de biens est l'acte par lequel un débiteur abandonne tous ses biens à ses créanciers.
Ceux-ci doivent-ils transcrire cet acte portant sur
des immeubles ?

1° Lorsque les créanciers acceptent la cession,
on dit qu'il y a cession volontaire. Ses effets sont
ceux que les parties ont voulu (art. 1267). En général, les créanciers ne sont que simples posses-
seurs des biens, mandataires irrévocables chargés
de les faire vendre et de se payer sur le prix en
provenant, sauf à rendre au débiteur l'excédant
s'il y en a. Dans ce cas la transcription ne saurait
avoir lieu puisqu'il n'y a pas transfert de propriété.
Il en serait autrement si les parties avaient convenu que le débiteur serait libéré par l'abandon
de ses biens en toute propriété à ses créanciers.

Nous serions alors en présence d'une *datio in solutum*.

2° Lorsque les créanciers refusent la cession offerte par le débiteur, celui-ci, s'il est malheureux et de bonne foi, peut leur imposer la cession dite judiciaire (art. 1270).

Il ne peut être ici question de transcrire l'acte de cession qui ne rend pas les créanciers propriétaires, mais leur donne simplement le droit de faire vendre les biens à leur profit et d'en percevoir les revenus jusqu'à la vente (art. 1269). L'art. 903, Cod. proc., organise d'ailleurs la publicité de la cession judiciaire.

La cession de biens a perdu de son intérêt depuis la suppression de la contrainte par corps en matière civile et commerciale (loi du 22 juillet 1867).

§ 5.

Du Partage.

Le partage présentait à Rome un caractère autre que celui qui lui est reconnu aujourd'hui. Les jurisconsultes romains, à part Trébatius, le considéraient comme attributif de propriété. Pour eux, le partage était une espèce d'échange par lequel chaque cohéritier cédait à son cohéritier la part de propriété qu'il avait sur les objets non tombés dans son lot en échange de la part que celui-ci lui cédait sur les objets qui y tombaient.

Ce système, quoique le plus rationnel, entraînait de fâcheuses conséquences. Chaque cohéritier était tenu de respecter les droits réels consentis pendant l'indivision par un autre cohéritier sur l'immeuble tombé dans son lot. De là des recours en garantie, de nombreux procès venant troubler la paix des familles.

Pour éviter ces inconvénients et surtout dans le but de soustraire la propriété aux droits perçus par les seigneurs à chaque mutation, nos anciens juristes firent admettre que le partage était simplement déclaratif de propriété. Chaque héritier était censé avoir été propriétaire des objets tombés dans son lot depuis l'ouverture de la succession, et n'avoir jamais eu aucun droit sur les autres. Ainsi étaient évités les recours successifs. Si l'immeuble indivis hypothéqué tombait dans le lot de celui qui avait consenti le droit réel, l'hypothèque subsistait; elle disparaissait dans le cas contraire.

Une autre conséquence de ce caractère du partage fut de le dispenser des formalités du nantissement, et voici les raisons qu'en donne Merlin : « Le partage, dit-il, n'est pas attributif, mais déclaratif des droits de chacun des copartageants; il ne leur donne rien de nouveau, il ne fait que déclarer les portions dont ils sont respectivement saisis par la loi, en sorte que chaque héritier est réputé avoir eu, dès le moment du décès, ce qui est tombé dans son lot, et n'avoir jamais été saisi de ce qui ne lui a pas été assigné. »

La loi de Brumaire an VII, suivant les traditions historiques, dispensa de la transcription les partages d'immeubles. Si cette exclusion n'est pas écrite dans la loi, elle ressort du moins de son texte et de la loi du 22 frimaire an VII, qui ne soumet les partages qu'à un droit fixe, tandis que les mutations d'immeubles sont soumises à un droit proportionnel.

Le Code civil (art. 883) a reproduit le principe de notre ancien droit, mais ne s'est pas occupé de la question de la transcription.

Lors de l'enquête ouverte sur la réforme hypothécaire par M. Martin du Nord, des esprits éminents, les Cours royales de Metz, Montpellier et la Faculté de droit de Poitiers se prononcèrent en faveur de la publicité des partages.

Cette innovation se trouvait dans le projet présenté, en 1850, à l'Assemblée nationale qui la rejeta, et fut reproduite dans celui de 1855 ; mais elle échoua, après discussion il est vrai, devant la Commission du Corps législatif.

La clandestinité des partages, disaient ses partisans, est une conséquence du caractère que leur reconnaît le Code civil. Si vous permettez au tiers qui a traité pendant l'indivision avec un cohéritier d'opposer son titre au cohéritier sur les biens duquel il a obtenu un droit réel, vous ne considérez plus ce dernier comme ayant été propriétaire dès le jour du décès, et vous allez contre la théorie du Code.

D'ailleurs, ajoutaient-ils, le motif pour lequel on exige la transcription, la protection des tiers, n'existe pas. Leur intérêt est suffisamment sauvegardé sans cela puisqu'aux termes de l'art. 882, ils peuvent intervenir au partage et y former opposition, s'il est fait en fraude de leurs droits.

Sans méconnaître l'efficacité de ce privilège accordé aux tiers lorsqu'ils ont traité avec un cohéritier durant l'indivision, nous devons constater son inutilité après le partage. Cependant la fraude est encore à craindre. Un cohéritier prétendant être toujours dans l'indivision peut consentir une hypothèque sur la part indivise qu'il dit avoir sur un immeuble tombé au lot d'un autre cohéritier. Ne pouvant se renseigner sur la véracité de cette allégation, le titulaire du droit réel sera victime de sa bonne foi. Voilà donc un cas où la transcription de l'acte de partage eût été une mesure propre à consolider davantage le crédit foncier. C'est ce qui a été compris par plusieurs législations étrangères.

Quoi qu'il en soit, nous devons nous incliner devant la volonté du législateur et écarter le partage de l'application de la loi nouvelle.

Certains actes qui, par leur nature propre, sont translatifs de propriété, sont assimilés au partage lorsqu'ils font cesser l'indivision entre tous les cohéritiers ; ainsi, la vente de droits successifs faite par tous les cohéritiers à un seul est réputée partage et, à ce titre, dispensée de transcription.

En est-il de même de la vente faite par un cohéritier à un autre, lorsqu'ils sont plus de deux ? En d'autres termes, est-il nécessaire pour qu'un acte à titre onéreux tienne lieu de partage qu'il fasse cesser l'indivision entre tous les héritiers ?

Sur cette question deux opinions se sont fait jour dans la doctrine.

La première voit un partage dans tout acte qui fait cesser l'indivision, même d'une manière relative, et invoque à son appui plusieurs arguments. D'abord, disent ses défenseurs, telle était la jurisprudence de notre ancien Droit et rien ne prouve que les rédacteurs du Code civil aient voulu y déroger. Ils en voient, au contraire, la consécration dans ses art. 888 et 889.

Le premier donne l'action en rescision pour cause de lésion contre tout acte qui a pour objet de faire cesser l'indivision *entre cohéritiers*, mais il ne dit pas *entre tous les cohéritiers*.

Le second s'occupe d'une vente de droits successifs faite à l'un des cohéritiers par les autres ou l'un d'eux, d'un acte faisant cesser l'indivision d'une manière relative, et s'il refuse, dans ce cas, l'action en rescision, ce n'est pas parce que cette vente ne constitue pas un partage, mais parce qu'il suppose qu'elle a été faite aux risques et périls du cessionnaire. Il faut donc décider à *contrario* que si la cession avait été pure et simple, elle serait rescindable pour cause de lésion du quart et constituerait par conséquent un partage.

Puis, ajoute-t-on, pourquoi voir avec défaveur les cessions de droits successifs entre cohéritiers qui sont des actes très-simples et très-utiles en pratique? Ils permettent d'écarter des cohéritiers qui soulèveraient des difficultés et refuseraient tous les arrangements possibles.

Enfin, la doctrine opposée tombe dans les inconvénients de la théorie romaine que le Code a voulu cependant éviter. Elle ouvre la porte aux procès, aux recours entre cédant et cessionnaire, celui-ci étant considéré purement et simplement comme ayant-cause du premier, tenu, en conséquence, de ses faits, des charges créées par lui.

Malgré toute l'autorité qui s'attache aux traditions historiques et les considérations utilitaires invoquées par l'opinion que nous venons de présenter, nous préférons nous rallier à la seconde et n'attribuer, avec la majorité des auteurs et la jurisprudence, le caractère de partage qu'à l'acte qui fait cesser l'indivision entre tous les héritiers.

D'abord, peut-on voir la consécration de l'ancienne jurisprudence dans les art. 888 et 889? Evidemment non. Il s'agit dans ces articles de maintenir l'égalité entre les héritiers, et le motif d'équité qui a fait admettre en cette matière la rescision pour lésion, ne milite pas moins en faveur de celui qui a reçu sa part au moyen de la cession, qu'il ne militerait pour chacun, si tous avaient reçu la leur.

Quant à l'argument *a contrario* tiré de l'art. 889, il est spécieux mais non concluant. Le législateur refuse l'action en rescision contre la vente de droits successifs et introduit ainsi une exception au principe de l'art. 888, exception qui se justifie d'elle-même en raison du caractère aléatoire des cessions de droits successifs faites aux risques et périls du cessionnaire, mais hors ce cas, nous retombons dans la règle générale de l'art. 888. Il faut donc aller chercher la solution de la difficulté dans l'art. 883 qui s'occupe des effets du partage entre les parties et à l'égard des tiers qui ont traité avec celles-ci, c'est-à-dire sous un point de vue beaucoup plus étendu que dans les art. 888 et 889.

« Il résulte, disent MM. Aubry et Rau (1), de l'intime connexité qui existe entre les deux dispositions de cet article (883), que si chaque cohéritier est censé n'avoir jamais été propriétaire des objets héréditaires dont il a perdu la copropriété par suite de l'acte qui l'a fait sortir d'indivision, ce n'est là qu'une conséquence de cette autre fiction légale qui considère l'héritier dans le lot duquel ces objets sont tombés comme ayant été dès l'origine propriétaire exclusif. Or, si l'acte qui a

(1) § 625, note 12.

fait cesser l'indivision quant à l'un des cohéritiers, l'a laissé subsister à l'égard des autres, il devient impossible d'appliquer à ces derniers la disposition suivant laquelle chaque cohéritier est
censé avoir succédé seul aux objets héréditaires
compris dans son lot, puisque ces lots ne sont pas
formés ; et, par suite, il devient impossible d'appliquer au premier la disposition suivant laquelle
chaque cohéritier est censé n'avoir jamais été
propriétaire des objets dont il a perdu la copropriété. » En d'autres termes, l'art. 883 ne peut
s'appliquer au cas qui nous occupe.

Nos adversaires invoquent bien l'intérêt des
cohéritiers qui vont être exposés à des recours
en garantie ; mais, à côté de l'intérêt de ces derniers, il faut tenir compte de celui des tiers, et
voir avec faveur tout ce qui peut contribuer à leur
sécurité. Or, ne serait-il pas singulier de voir un
cohéritier consentir des hypothèques sur sa part
indivise, puis les faire évanouir immédiatement en
les cédant à ses cohéritiers ?

D'ailleurs, l'opinion à laquelle nous nous sommes rallié est admise par une jurisprudence cons-
tante (1) motivée avec raison sur ce qu'une fiction ne doit pas s'étendre, et il est inutile de rappeler que l'art. 883 repose sur une fiction.

---

(1) Cass. 16 janvier 1827 ; Cass. 24 août 1829 ;
Cass. 6 mai 1832 ; Cass. 16 mai 1834 ;
Cass. 13 août 1838 ; Cass. 6 mai 1844 ;
Req. 27 janv. 1857 ; Req. 18 mai 1858.... etc.

Elle soumet à la formalité de la transcription, si la succession est en tout ou en partie immobilière, tout acte à titre onéreux qui ne fait cesser l'indivision que d'une manière relative.

A plus forte raison en doit-il être ainsi quand le cessionnaire est un étranger à la succession. Il y a transmission éventuelle de la propriété immobilière. Il est de l'intérêt du cessionnaire de transcrire pour se mettre à l'abri non pas des droits consentis par un cohéritier du cédant, puisqu'ils seront anéantis par l'effet du partage, mais de ceux que pourrait conférer le cédant lui-même.

Disons, avant de terminer, que la dispense de transcription s'applique non-seulement au partage d'une succession, mais encore au partage d'une communauté (art. 1476), d'une société (art. 1872), d'un objet particulier. Aux termes de l'art. 883, en effet, la licitation est assimilée au partage. Or, la licitation ne peut porter que sur un objet déterminé de la succession.

Quant aux partages d'ascendants, il sont assimilés, s'ils sont faits par actes entre-vifs, à des donations (art. 1076), et à ce titre sont soumis à la transcription exigée par l'art. 939.

§ 6.

Des Retraits.

Le décret du 13 mai 1792 a aboli les nombreux retraits existant dans l'ancien droit. Le Code civil n'en reconnaît que trois : le retrait successoral, le retrait d'indivision en matière de communauté, et le retrait de droits litigieux.

Demandons-nous si les titres constatant l'exercice de ces facultés légales doivent être transcrits lorsqu'ils portent sur des immeubles. La loi de 1855, nous le savons, a posé comme principe que les actes *translatifs* seuls sont soumis à la transcription. Toute la question revient donc à savoir si les retraits sont translatifs, s'ils opèrent une nouvelle mutation de propriété de la tête du retrayé sur celle du retrayant.

Le Code étant muet sur la nature et les effets du retrait, nous sommes forcé d'aller chercher dans le passé les principes qui doivent régir la matière.

1° *Retrait successoral* (art. 841, C. civil). — C'est la faculté appartenant à chaque cohéritier d'exclure du partage, en le rendant parfaitement indemne, l'étranger auquel un cohéritier successible aurait cédé ses droits successifs.

Personne ne voit dans le retrait une annulation ou rescision de la première cession qui est maintenue, ni une rétrocession faite par le retrayé au retrayant, rétrocession qui exigerait le consentement du cessionnaire. Tout le monde, en l'absence de texte précis, recourt aux règles de l'ancien droit et reconnaît avec ses interprètes que le retrait s'analyse en une subrogation du retrayant au retrayé. D'Argentré disait : c'est une *translatio de personâ in personam* (de Laudimiis, 36). Pothier ajoutait : « Lorsqu'un héritage est retiré par retrait lignager, ce n'est pas deux ventes, mais une seule, » et plus loin : « Il ne tend pas à rescinder et détruire le contrat, mais à subroger dans tous les droits résultant du contrat, la personne du retrayant à celle de l'acheteur sur qui le retrait est exercé » Pothier, *Traité préliminaire des retraits*). Donc il n'y a pas de nouveau contrat, il n'y a qu'un fait, la sortie du cessionnaire qui est censé n'avoir jamais eu cette qualité, et la rentrée du retrayant qui vient occuper son lieu et place et est censé avoir acquis directement du vendeur ou du cédant. La conséquence de ce principe est de dispenser le retrait successoral de la transcription.

2° *Retrait d'indivision* (art. 1408 § 2.) — Le §1 de l'art. 1408 étant une application du principe déclaratif des partages, est étranger à la matière des retraits. Quant au § 2, il est ainsi conçu :

13

« Dans le cas où le mari deviendrait seul et en son nom personnel, acquéreur ou adjudicataire de portion ou de la totalité d'un immeuble appartenant par indivis à la femme, celle-ci, lors de la dissolution de la communauté, a le choix où d'abandonner l'effet à la communauté, laquelle devient alors débitrice envers la femme de la portion appartenant à celle-ci dans le prix, ou de retirer l'immeuble, en remboursant à la communauté le prix de l'acquisition. »

D'après cet article, la femme a un droit d'option à la dissolution de la communauté ; elle peut lui abandonner ou en retirer les parts indivises d'immeubles dont elle est copropriétaire et qui ont été acquises par le mari en son nom personnel.

Lorsqu'elle retire l'immeuble de la communauté, elle le reprend à titre de propre, sauf récompense à cette dernière du prix d'acquisition. Cet acte s'appelle : Retrait d'indivision.

Nous pensons, avec la majorité des auteurs, que la femme opérant le retrait n'acquiert pas du mari, mais est subrogée seulement à lui. Elle prend le marché de celui-ci pour son compte à compter du jour de l'acquisition.

3° *Retrait litigieux* (art. 1699). — C'est l'opération par laquelle le cessionnaire d'un droit litigieux est écarté par celui contre lequel ce droit existe.

La chose est censée litigieuse dès qu'il y a

procès et contestation sur le fond du droit (art. 1700).

Ici encore le retrait s'analyse en une subrogation du retrayant au lieu et place du retrayé, et on ne saurait y voir une rétrocession faite par le cessionnaire, autrement il faudrait considérer le retrayant comme l'ayant-cause du retrayé, résultat directement contraire aux termes de l'art. 1699 qui, loin de donner au cédé la faculté de contraindre le cessionnaire à lui céder ses droits, lui permet seulement de s'en faire tenir quitte par lui. Ce n'est pas une action, une acquisition de droit, mais une défense, une exception opposable au cessionnaire que la loi accorde au retrayant.

Il résulte de l'étude des divers retraits qu'ils s'analysent tous en une subrogation sous condition de remboursement. Ce sont des actes par lesquels certains individus désignés par la loi prennent à leur compte le marché conclu par un tiers, sauf à l'indemniser. La loi elle-même renferme d'ailleurs la preuve qu'ils n'opèrent pas une seconde vente puisqu'ils ont lieu sans le consentement et même contre le consentement du retrayé.

Les art. 841, 1408 § 2, 1699 donnent à certaines personnes le droit *d'écarter du partage*, *d'opter, de se faire tenir quitte*; c'est donc qu'elles peuvent agir seules.

La conséquence à tirer du caractère non translatif des retraits, la seule qui nous intéresse, consiste dans la dispense de la transcription, et la question posée au début de la matière est ainsi résolue.

Si toutefois l'acheteur ou cessionnaire n'avait pas fait transcrire son titre, le retrayant ne pourrait se prévaloir du retrait vis-à-vis des ayant-cause du vendeur qu'à charge de faire transcrire lui-même le titre et à partir du jour de la transcription.

§ 7.

Des Sociétés.

Lorsqu'un acte de société contenant l'apport d'un immeuble par un associé a été passé entre plusieurs personnes, doit on le transcrire?

L'affirmative n'est pas douteuse, car nous sommes en présence d'un acte renfermant les conditions requises. Il est entre-vifs et translatif de propriété immobilière.

S'agit-il d'une société commerciale, le transfert de propriété s'opèrera de la tête de l'associé sur celle de la société envisagée comme personne morale, indépendante de chacun de ses membres.

De même si l'on se trouve en présence d'une société civile, qu'on la considère ou non comme constituant une personne morale, une mutation se produit toujours; l'immeuble apporté par un associé devient la propriété de tous, considérés collectivement *ut universi*.

Ce que nous avons dit sur les cessions de parts faites par des cohéritiers reçoit ici son application. Ainsi on devra transcrire la cession de part faite par un associé à un étranger ou à un coassocié, pourvu toutefois, dans ce dernier cas, qu'elle ne fasse pas cesser l'indivision d'une façon absolue ; autrement ce serait un véritable partage.

§ 8.

Du Contrat de mariage.

Lorsque le contrat de mariage est translatif de propriété immobilière, il faut transcrire au moins la partie qui renferme cette mutation.

Examinons les hypothèses dans lesquelles on peut voir un pareil transfert.

1° *Clause d'ameublissement.* — Lorsque deux époux adoptent le régime de la communauté légale, les immeubles possédés par eux au jour du mariage leur restent propres (art. 1404); mais ils peuvent éviter ce résultat en insérant dans leur contrat de mariage une clause d'ameublissement, par laquelle ils font entrer dans la communauté des immeubles qui seraient propres selon le droit commun.

L'ameublissement est déterminé ou indéterminé. Il est déterminé quand l'époux déclare ameublir et mettre en communauté un tel immeuble. Son effet, d'après l'art. 1507, est de rendre l'immeuble bien de la communauté. Celle-ci acquiert sur lui un droit de propriété. Il s'opère donc une mutation de propriété de la tête de l'époux à l'actif de la communauté, mutation qui doit être portée à la connaissance des tiers par la transcription du contrat de mariage.

La solution est la même, que l'ameublissement provienne de la femme ou du mari, et nous repoussons ainsi la distinction faite entre les deux cas par MM. Rivière et Huguet. Tandis qu'ils soumettent à la transcription l'ameublissement fait par la femme, ils en dispensent celui qui provient du mari, sous prétexte que la clause n'a rien de translatif, la communauté ne constituant pas un être moral.

La doctrine de ces auteurs ne nous paraît pas acceptable. En refusant même avec eux à la communauté le caractère de personnalité morale, la transcription sera néanmoins nécessaire, car la femme acquiert un droit de copropriété sur l'immeuble apporté par le mari. En outre, l'accomplissement de cette formalité protègera la communauté contre les aliénations à titre gratuit que le mari pourrait consentir.

L'ameublissement indéterminé est celui par lequel l'époux déclare simplement apporter en communauté ses immeubles jusqu'à concurrence d'une certaine somme.

Puisqu'aux termes de l'art. 1508, il ne rend pas la communauté propriétaire, il n'opère pas de mutation de propriété et par suite la transcription du contrat de mariage est inutile.

2° *De la communauté à titre universel.* — D'après l'art. 1526, cette clause fait tomber dans la communauté la propriété des immeubles présents et à venir. Le contrat de mariage qui la renferme doit donc être transcrit.

3° Lorsqu'un immeuble constitué en dot est estimé avec la déclaration expresse que le mari en deviendra propriétaire, il y a évidemment un transfert de propriété qui rend nécessaire la transcription du contrat de mariage (art. 1552).

§ 9.

Des Remplois.

Le remploi est l'acquisition d'un propre avec l'argent provenant de l'aliénation d'un autre propre.

Le propre aliéné pouvait appartenir au mari ou à la femme.

Dans le premier cas, l'acte d'acquisition doit

être transcrit, puisqu'il opère une mutation de propriété immobilière.

La même solution s'impose dans le second cas pour le même motif; mais comme l'acceptation de la femme est nécessaire pour lui faire acquérir la propriété de l'immeuble nouvellement acquis, on s'est demandé s'il ne fallait pas soumettre aussi à la publicité organisée par la loi nouvelle l'acte renfermant cette acceptation.

Disons d'abord que la transcription de l'acte d'acquisition suffira lorsque le mari aura déclaré acheter *au nom et pour le compte de sa femme* avec les deniers provenant de l'aliénation de l'un de ses propres et pour lui servir de remploi. Il aura en effet joué le rôle d'un gérant d'affaires. Dès lors, l'acceptation de la femme en vertu de la règle : « *Ratihabitio mandato æquiparatur* » rétroagissant au jour de l'acquisition la fera considérer comme l'ayant-cause du vendeur, et aucune nouvelle mutation de propriété rendant la transcription nécessaire, ne se produira.

Que décider si le mari, tout en obéissant aux prescriptions de l'art. 1435, n'a pas déclaré acheter au nom et pour le compte de sa femme?

Nul doute que la même solution doive être admise si la femme a accepté *in continenti* dans l'acte même d'acquisition.

Mais si l'acquisition et l'acceptation se produisent dans deux actes distincts *ex intervallo*, faut-il transcrire aussi l'acte d'acceptation ?

La réponse à la question dépend de l'opinion adoptée sur l'effet de l'acceptation de la femme. Rétroagit-elle ou ne rétroagit-elle pas au jour de l'achat ? Dans la première opinion, il suffit de transcrire l'acte d'acquisition ; dans la |seconde, au contraire, il faut y joindre l'acte d'acceptation.

Les partisans de cette dernière opinion considèrent l'immeuble acquis comme un conquêt de communauté dont la femme ne deviendra propriétaire que par un nouveau contrat. Entre le vendeur et le mari le contrat est parfait et a dû produire tous ses effets. Quant à la double déclaration faite par le mari conformément à l'art. 1435, elle constitue une offre, de la part de celui-ci à la femme, de lui donner l'immeuble en payement du prix de l'immeuble aliéné, offre qui peut être retirée tant que la femme ne l'a pas acceptée. Mais dès son acceptation, un contrat nouveau se forme, il y a une *datio in solutum* de l'immeuble au lieu et place de la créance appartenant à la femme contre la communauté pour aliénation d'un de ses propres. Deux mutations se produisent donc, l'une du vendeur à la communauté, l'autre de la communauté à la femme ; d'où la nécessité de la double transcription de l'acte d'acquisition et de l'acte d'acceptation.

Cette opinion a trouvé de nombreux adversaires, notamment MM. Labbé et Flandin pour lesquels le remploi effectué d'après l'art. 1435 s'analyse en une véritable gestion d'affaires dont les conséquences nous sont déjà connues. L'acceptation de la femme rétroagissant au jour du contrat, une seule mutation se produit, partant une seule transcription suffit : celle de l'acte d'acquisition.

Ce système était celui de nos anciens jurisconsultes Pothier et d'Aguesseau qui reconnaissaient à l'acceptation de la femme « un effet rétroactif au temps de l'acte » et rien ne prouve que les rédacteurs du Code aient voulu innover; la similitude du passage de Pothier et de l'art. 1435 nous autoriserait à croire le contraire. On ne comprendrait pas d'ailleurs les prescriptions de cet article, la double déclaration faite par le mari, si elle ne devait pas le lier, s'il pouvait la rendre vaine en aliénant l'immeuble. Or, on doit toujours supposer que la loi a voulu atteindre un certain but.

Ce système faisant tomber tous les droits réels consentis par le mari avant l'acceptation, on lui reproche de tenir la propriété en suspens jusqu'à ce que la femme ait fait connaître sa volonté, d'entraver la circulation des biens et de porter atteinte au crédit en exposant les tiers qui auront traité avec le mari à une éviction.

Ces reproches ne nous paraissent pas fondés. Il nous semble d'abord que la circulation des biens ne sera pas plus entravée par la rétroactivité de l'acceptation de la femme qu'elle ne l'était par la qualité de propre attachée à l'immeuble aliéné. L'un et l'autre sont inaliénables au même degré, sans le consentement de la femme.

Les tiers sont avertis par la double déclaration de l'art. 1435, que la femme peut user de la faculté qui lui est accordée d'accepter le remploi et anéantir ainsi les droits à eux consentis sur l'immeuble. Ils ne peuvent pas invoquer leur ignorance. Enfin l'incertitude de la propriété n'est pas un grief assez puissant pour faire abandonner cette opinion, d'autant plus que cet inconvénient existe dans les ventes conditionnelles autorisées par la loi.

Entre ces deux opinions s'en place une troisième mixte, qui considère la double déclaration faite par le mari comme une offre de subrogation aux effets de son acquisition. L'acceptation de la femme rétroagit bien au jour de l'acquisition, mais elle n'anéantit pas les droits consentis à des tiers sur l'immeuble par le mari; celui-ci est maître de révoquer son offre, et cette révocation résulte tacitement de la concession de droits réels. De la rétroactivité de l'acceptation il résulte qu'une seule mutation se produisant du vendeur à la femme, la transcription de l'acte d'acquisition suffira.

Au point de vue qui nous occupe, il importe peu d'adopter l'une ou l'autre des deux dernières opinions puisqu'elles aboutissent au même résultat: la transcription de l'acte d'achat seul.

§ 10.

Prélèvements et Récompenses.

La transcription est-elle nécessaire lorsqu'après la dissolution du mariage ou la séparation de biens, des immeubles de la communauté sont prélevés par l'un des époux pour se remplir de ses reprises ? Les prélèvements constituent-ils des mutations de propriété ?

La réponse à la question dépend de la qualité de l'époux qui prélève. Est-ce la femme ? Est-ce le mari ? Examinons séparément ces deux situations.

1° *Le prélèvement est opéré par la femme.* — Troplong soumet d'une façon générale à la transcription l'acte relatant ce prélèvement. Nous préférons, avec la majorité des auteurs, établir une distinction entre la femme qui accepte et celle qui répudie la communauté.

Dans le premier cas, le prélèvement s'opère sur la masse indivise, sur un immeuble dont le mari avait la copropriété avec sa femme et qui devient la propriété exclusive de cette dernière. Il met donc un terme à l'indivision, ce qui le fait ressembler au partage (art. 888) et, à ce titre, il doit être dispensé de la transcription.

Cette doctrine a d'ailleurs été sanctionnée par un arrêt de la Cour de cassation (Cass. 3 août 1858) qui, considérant les prélèvements de la femme sur les biens de la communauté qu'elle a acceptée, comme l'une des opérations du partage, les dispense du droit de mutation.

Dans le second cas, c'est-à-dire lorsque la femme renonce à la communauté, la transcription de l'acte constatant le prélèvement est nécessaire si on reconnaît avec la jurisprudence (Rej., ch. réun. 16 janvier 1858) que la femme exerce ses reprises à titre de créancière du mari. L'opération par laquelle elle reçoit un immeuble en paiement de ce qui lui est dû constitue une dation en paiement, entraînant mutation de propriété, et assujettie à transcription. Il en serait autrement dans l'opinion de ceux qui admettent que la femme exerce ses reprises à titre de propriétaire, aucune mutation ne se produisant alors.

Cette distinction entre l'acceptation et la répudiation de la communauté par la femme est sans influence lorsque, usant de la faculté accordée par l'art. 1472, elle exerce ses reprises sur les biens personnels du mari, en cas d'insuffisance de ceux de la communauté. On se trouve toujours en présence d'un acte translatif de propriété, d'une *datio in solutum* que l'on devra transcrire.

2° *Le prélèvement est opéré par le mari.* — La transcription n'est jamais nécessaire. En effet, de deux choses l'une : ou la femme accepte la communauté, et alors le prélèvement fait par le mari produisant les effets d'un partage échappe à la loi de 1855, ou elle y renonce, et dans ce cas, le mari devenant propriétaire de tous les biens de la communauté, il ne peut être question de prélèvement.

§ 11.

De la Transaction.

La transaction est un contrat par lequel les parties terminent une contestation née ou préviennent une contestation à naître (art. 2044).

Pour pouvoir l'assujettir à la transcription, elle doit remplir les conditions que nous avons énumérées plus haut.

Elle est sans aucun doute translative de propriété dans deux cas : 1° Lorsqu'une partie donne à son adversaire un immeuble étranger au procès pour l'indemniser de l'abandon de ses prétentions sur l'objet litigieux ; 2° Lorsqu'elle déguise un acte translatif tels qu'une vente, un échange ; ainsi la partie qui conserve ou reçoit l'immeuble litigieux donne à l'autre une somme ou valeur que l'on peut considérer comme l'équivalent de l'immeuble.

Dans ces deux hypothèses, la transaction est

soumise au système de publicité organisé par la loi de 1855.

En est-il de même lorsqu'elle intervient sur un immeuble litigieux, lorsqu'une partie en garde ou en acquiert la possession du consentement de l'autre ?

Sur ce point, deux opinions se sont formées : une première, à laquelle nous nous rallions, voyant dans la transaction un acte déclaratif de propriété, la dispense de la transcription ; une seconde la considérant au contraire comme un acte translatif, comme un titre nouveau, la soumet à cette formalité.

La solution de la question dépend donc de l'opinion que l'on adopte sur la nature de la transaction.

Son caractère simplement déclaratif était universellement reconnu dans notre ancien droit, notamment par Dumoulin (1), d'Argentré (2) et Pothier (3). Ce dernier s'exprime ainsi : « Lorsque l'une des parties obtient ou conserve la chose litigieuse, l'argent qu'elle paie en retour constitue non point le prix de cette chose, mais le prix du désistement de l'autre partie. Aussi est-elle présumée en avoir acquis la propriété en vertu de son titre originaire. »

Rien ne prouve que les rédacteurs du Code

(1) Dumoulin, sur la Coutume de Paris.
(2) D'Argentré, sur la Coutume de Bretagne.
(3) Pothier, Vente n. 646.

aient voulu rompre avec ces traditions historiques que le législateur de l'an VII semble avoir suivies. L'art. 68 § 1, n° 45 de la loi de Frimaire soumet en effet les transactions à un droit fixe, tandis que l'art. 69 § 3, n° 3 de cette même loi les assujettit au droit proportionnel de 1 p. 100. Comment expliquer cette antinomie apparente si on ne reconnaît pas dans certains cas, à la transaction, un caractère déclaratif et dans d'autres un caractère translatif ? Nous avons indiqué plus haut ces derniers auxquels s'applique l'art. 69. Dans les autres cas, c'est-à-dire lorsque la transaction porte sur un immeuble litigieux, elle doit être déclarative et régie par l'art. 68.

La plupart des auteurs modernes se sont ralliés à cette opinion qui est en outre conforme à la nature des choses. On doit voir dans la renonciation faite par l'une des parties à la possession de l'immeuble litigieux non pas un transfert de propriété, mais une déclaration, une reconnaissance du droit de son adversaire. Pour qu'il y ait mutation de propriété, il faudrait chez la partie qui délaisse la qualité de propriétaire ; or, la transaction implique nécessairement l'existence actuelle ou la possibilité d'une contestation sérieuse et doit intervenir *sur des droits douteux*, sous peine de manquer d'objet, d'être dépourvue de cause.

On ne peut pas dès lors attribuer la qualité de propriétaire à celui qui se désiste plutôt qu'à son adversaire ; il y a sur la propriété une incertitude excluant toute idée de mutation.

Quant à la somme payée par celui qui garde ou acquiert la possession de l'immeuble, « elle constitue non point le prix de cet immeuble, mais le prix du désistement de l'autre partie. »

Mourlon (Trans. hyp. tome I § 75), un des défenseurs les plus énergiques de l'opinion adverse, fait à la nôtre un reproche d'immoralité dont nous allons dire quelques mots. Son long raisonnement peut se ramener à celui-ci : Puisque la partie qui délaisse reconnaît ne pas avoir droit sur l'objet litigieux, elle commet un acte déloyal, une immoralité en stipulant un prix en échange.

Cela serait vrai s'il était *certain* que la propriété appartient à la partie qui promet le prix ; mais alors nous ne serions pas en présence d'une transaction, car, nous l'avons déjà dit, ce contrat exige pour son existence un litige, un doute sur l'issue du procès à intenter et il n'y a rien d'immoral dans la convention par laquelle une partie propose à l'autre de renoncer à invoquer ses titres de propriété, moyennant un prix.

On pourrait peut-être nous opposer l'art. 2045, aux termes duquel il faut, pour transiger, avoir la capacité de *disposer* des objets compris dans la transaction.

Mais cette expression a-t-elle quelque influence sur la nature de la transaction et prouve-t-elle qu'elle est translative de propriété ? Est-ce que le partage n'est pas déclaratif, et cependant il faut, pour y intervenir valablement, avoir la capacité

14

de disposer des objets qu'il comprend ? L'art. 2124 est rédigé dans les mêmes termes, et jamais on n'a considéré l'hypothèque comme une aliénation immédiate.

L'art. 2045 règle la question de capacité, mais ne peut avoir la prétention de déterminer la nature et les effets de la transaction.

Un système mixte soumet la transaction à la transcription comme constituant une renonciation à un droit de propriété et tombant à ce titre sous l'application du 2° de l'art. 1er.

Cette assimilation n'est pas exacte. Comme nous le verrons plus loin, la loi de 1855 ne vise que les renonciations à un droit certain, translatives de propriété, tandis que par la transaction on se borne à renoncer à de simples prétentions, à un droit douteux.

§ 12

Des renonciations.

La loi qui est venue donner un nouvel essor au crédit foncier aurait été incomplète si elle n'avait pas prévu les cas où les parties renoncent à des droits déjà acquis. La sécurité des tiers n'aurait pas été entière s'ils avaient eu à redouter l'existence d'une convention venant détruire les effets de l'acte dont ils avaient eu connaissance par la transcription. L'intérêt de ces derniers justifie donc la disposition très-sage du 2° des art. 1 et 2. Nous n'avons à nous occuper, pour ne pas sortir du cadre assigné à notre thèse, que des renonciations au droit de propriété immobilière.

A s'en tenir au texte seul, on pourrait croire qu'il vise toute espèce de renonciations. On en reconnaît généralement deux sortes : 1° Les renonciations *abdicatives* ou *extinctives* par lesquelles le renonçant répudie un droit dont il n'a pas été encore investi.

2° Les renonciations *translatives* ou *in favorem* par lesquelles le renonçant se dépouille d'un droit acquis en faveur d'une personne spécialement déterminée avec ou sans prix.

Malgré la généralité de ses termes, la loi de 1855 n'a entendu comprendre que ces dernières renonciations : celles qui produisent une mutation de propriété.

Cette interprétation restrictive est basée, selon nous, sur la discussion au Corps législatif. Les rédacteurs de la loi, en excluant de son empire les actes déclaratifs que le projet y soumettait, n'ont-ils pas suffisamment manifesté leur intention de n'y assujettir que les actes translatifs entraînant une mutation de propriété ? Ce principe fondamental posé dans le 1° de l'art. 1er n'a pas été répété dans le 2°, mais c'est un oubli que nous réparons, notre solution étant d'ailleurs conforme à l'esprit de la loi.

Mourlon ne fait aucune distinction entre les renonciations extinctives et translatives qu'il soumet
indifféremment à la transcription. D'après lui, deux
espèces de renonciations sont à considérer : 1° les
renonciations improprement dites ; ce qui comprend
les simples refus d'acquérir et les reconnaissances
du droit d'autrui ; 2° les renonciations transmis-
sives ou simplement extinctives du droit qu'elles
ont pour objet. Les premières sont régies par le
Code civil ; les secondes par la loi nouvelle.

Ces divergences sont plutôt apparentes que
réelles et nous nous demanderons avec M. Flandin
si « ce que Mourlon appelle simple refus d'acquérir ne serait pas précisément ce que nous quali-
fions de renonciation extinctive. Si cela était,
ajoute-t-il, on serait plus près de s'entendre qu'on
ne pense. »

Quoi qu'il en soit, un point reste acquis : la transcription est nécessaire si la renonciation opère mutation de propriété immobilière, fait sortir du patrimoine du renonçant un bien qui y était déjà
entré. Dans le cas contraire, la publicité organisée
par la loi du 23 mars n'est pas utile.

Ce principe posé, appliquons-le aux espèces.

On ne devra pas transcrire :

1° La renonciation à une succession. L'héritier
qui renonce, étant censé n'avoir jamais été héritier
(art. 785), ne peut avoir transféré la propriété des
biens compris dans la succession à ceux qui la
recueillent à sa place ; ceux-ci tiennent leur droit

de la loi et non du renonçant sur la tête duquel il n'a jamais été fixé.

D'ailleurs, une certaine publicité environne cette renonciation par la déclaration faite au greffe du tribunal de l'ouverture de la succession sur un registre particulier tenu à cet effet (art. 784).

2° La renonciation à la communauté par la femme ou ses héritiers. Comme ci-dessus, le mari tient son droit de la loi et non de la femme qui est censé n'avoir jamais été propriétaire des biens de la communauté (art. 1492). D'ailleurs, la même publicité est organisée pour ces renonciations et celles à succession (art. 1457).

3° La renonciation du légataire à son legs. Le legs devenant caduc (art. 1043), l'héritier acquiert l'immeuble, objet du legs, non du légataire mais en sa qualité d'héritier. *non ex repudiatione, sed hereditario jure.*

4° La renonciation à une prescription acquise (art. 2220).

Les conditions de possession et de temps ne suffisent pas pour consommer la prescription, pour faire acquérir la propriété au possesseur de l'immeuble. Celui-ci doit manifester en justice son intention de vouloir en profiter, soit par voie d'action, soit par voie d'exception.

La prescription consacrant parfois une injustice que l'intérêt général nécessite, on ne peut pas imposer au possesseur le bénéfice d'un acte qui répugne à son honnêteté, à sa délicatesse. Lors donc qu'il y renonce, il manifeste un refus d'acquérir, la reconnaissance du droit de celui contre qui il aurait pu l'invoquer ; mais aucune mutation ne se produit.

5° L'acte portant désistement d'une action en revendication immobilière.

Cette revendication s'analyse en une reconnaissance du droit d'autrui, en un aveu que sa prétention n'est pas fondée, mais non en un transfert de propriété. Or à quel titre la lui attribuer plutôt qu'à son adversaire ?

6° L'acte contenant l'acquiescement à une action en revendication immobilière.

Par cet acte, le défendeur reconnaît le droit du demandeur, mais ne transfère rien.

7° La renonciation à une action en nullité.

Lorsqu'une personne renonce, en pleine capacité, à une action en nullité, elle opère la confirmation d'un acte annulable. Or, d'après ce que nous avons dit à la matière de la vente, la confirmation rétroagit au jour de la passation de l'acte lequel est considéré comme régulier et valable *ab initio*.

C'est donc lui qui doit être transcrit et non la renonciation à l'action en nullité qui n'implique que la reconnaissance du droit d'autrui, la confirmation d'un droit préexistant.

On devra transcrire au contraire :

1° La renonciation à une succession intervenue après acceptation.

L'acceptation d'une succession est en principe irrévocable. Mais il existe des cas où la renonciation implique une acceptation suivie tout de suite d'une aliénation. Ainsi lorsqu'un cohéritier renonce au profit d'un ou de plusieurs de ses cohéritiers, ou au profit de tous moyennant un prix, il est censé accepter la succession puisqu'il dispose de sa part, en investit certains de ses cohéritiers. Il y a donc transmission de propriété et par suite nécessité de transcrire (art. 780).

Toutefois, dans l'hypothèse où deux héritiers seulement se trouveraient recueillir une succession, la renonciation faite par l'un à l'autre, même moyennant un prix, n'est pas sujette à transcription, comme faisant cesser l'indivision d'une manière absolue et, à ce titre, pouvant être assimilée à un partage.

2° La renonciation à une prescription consommée.

Quoi qu'en dise Mourlon, si le possesseur de l'immeuble a invoqué la prescription en justice, a déclaré vouloir en profiter, il a été investi de la propriété ; le droit réel s'est alors fixé sur sa tête. La renonciation suppose donc une contre-aliénation, un déplacement de propriété qui doit être rendu public.

3° Le désistement d'une action en revendication immobilière lorsqu'un jugement passé en force de chose jugée a donné gain de cause au revendiquant.

Celui-ci voit son droit de propriété reconnu, affermi par le jugement; s'il renonce à ce béné-fice, il se produit une mutation au profit de son adversaire, mutation qui doit être transcrite.

4° La renonciation à l'action en réméré par le vendeur encore dans les délais pour l'exercer.

On ne peut pas voir dans cette renonciation la confirmation d'un acte annulable. Le vendeur à pacte de rachat est propriétaire sous condition suspensive ; il est investi d'un droit certain qu'il peut hypothéquer. S'il y renonce, il se produit une mutation au profit de l'acquéreur, et les tiers doivent en être avertis.

Disons en terminant que la loi de 1855 vise seulement les renonciations expresses, les renonciations tacites résultant d'une déchéance , d'une prescription, n'offrant pas de matière à transcription, l'écrit, et rendues publiques d'ailleurs par la loi (art. 617, 625, 706, 1304).

CHAPITRE II

Des formes de la transcription et des personnes pouvant la requérir.

Ce chapitre se divise tout naturellement en deux sections :

SECTION I

DES FORMES DE LA TRANSCRIPTION

La transcription est la copie intégrale et littérale de l'expédition de l'acte authentique ou du jugement ou de l'original de l'acte sous seing privé.

Nous avons vu ci-dessus que les actes sous seing privé comme les actes authentiques doivent être transcrits, malgré une opinion qui voulait y soumettre ces derniers seulement.

La copie se fait sur un registre spécial dit *des Transcriptions,* tenu au bureau des hypothèques de la situation des biens de l'arrondissement où ils sont situés (1).

---

(1) En ce qui concerne les cessions d'actions immobilières de la Banque de France, la transcription s'opère à Paris, où se trouve le siège de la Banque.

Comme il serait très difficile et parfois impossible au conservateur de transcrire dans la même journée sur son registre les actes qu'on lui présente, et comme, d'autre part, la formalité est d'une importance capitale, il a un second *registre d'ordre ou des dépôts* sur lequel il inscrit jour par jour et par ordre numérique, les remises qui lui sont faites d'actes de mutation pour être transcrits. Il donne au requérant une reconnaissance sur papier timbré qui rappelle le numéro du registre sur lequel la remise a été inscrite. Il transcrit ensuite les actes dans l'ordre et à la date fixée par le registre d'ordre.

La tenue de ce registre a été un peu modifiée par une loi votée le 5 janvier 1875 et promulguée le 16 du même mois. Elle a eu pour objet d'assurer d'une manière plus complète la conservation des registres hypothécaires. M. Denormandie, rapporteur, s'exprimait ainsi devant l'Assemblée nationale. On s'est préoccupé et à juste titre de ce qui arriverait si une conservation d'hypothèques venait à être détruite par un incendie ou par tout autre accident, et on a apprécié avec raison qu'un évènement de cette nature apporterait le trouble le plus profond dans de nombreux intérêts privés. La reconstruction des registres détruits présenterait de grandes difficultés. Pour parer à ces inconvénients, la loi nouvelle a exigé la tenue en double du registre des dépôts; elle a pensé qu'il serait trop long, trop coûteux et trop laborieux d'imposer la même formalité aux autres registres. Seulement elle soumet désormais à l'inscription sur le registre des dépôts tous les actes sans distinction. Voici comment s'exprime le nouvel article 2200 : « Néanmoins, les conservateurs seront tenus d'avoir un registre sur lequel ils inscriront, jour par jour et par ordre numérique, les remises qui leur seront faites d'actes de mutations et de saisie immobilière, pour être transcrits, de bordereaux, pour être inscrits, d'actes, expéditions ou extraits d'actes contenant subrogation ou antériorité et de jugements prononçant la résolution, la nullité ou la rescision d'actes transcrits, pour être mentionnés.

Ce registre sera tenu double, et l'un des doubles sera déposé sans frais, et dans les trente jours qui suivront sa clôture au greffe du tribunal civil d'un arrondissement autre que celui où réside le conservateur. Le tribunal au greffe duquel sera déposé le double du registre de dépôt sera désigné par une ordonnance du président de la cour dans le ressort de laquelle se trouve la conservation ; cette ordonnance sera rendue sur les réquisitions du procureur général. »

Outre ces deux registres, le conservateur en a un troisième appelé : *Répertoire*, destiné à faciliter ses recherches, lorsqu'on vient lui demander si telle ou telle personne avec qui on a intention de traiter est réellement propriétaire de l'immeuble qu'elle possède.

L'art. 18 de la loi du 21 ventôse an VII lui impose l'obligation de tenir ce registre sur papier libre « sur lequel seront portés par extrait, au fur et à mesure des actes, sous le nom de chaque grevé et à la case qui lui est destinée, les inscriptions à sa charge, les transcriptions, les radiations et autres actes qui le concernent, ainsi que l'indication des registres où chacun de ces actes est porté, et les numéros sous lesquels ils sont consignés. »

Chaque propriétaire a une case divisée en deux parties, l'actif à gauche, c'est-à-dire les acquisitions, le passif à droite, c'est-à-dire les aliénations.

Ce registre est pourvu d'une table alphabétique des noms de tous les propriétaires, qui permet au conservateur de se retrouver facilement dans l'affreux pêle-mêle du registre des transcriptions. Tel est le mécanisme de la publicité organisée par la loi française. Son caractère essentiel consiste en ce que c'est le propriétaire et non le fonds qui a une place dans le registre foncier. On ne connaît les mutations qui ont trait à tel immeuble qu'en indiquant au conservateur le nom des personnes successivement propriétaires.

Nous avons défini la transcription : la copie entière du titre. Un simple extrait ne suffirait-il pas ?

La question posée en 1844, lorsqu'on parlait de réformer le régime hypothécaire, fut reprise en 1855 et fit l'objet de l'art. 3 du projet de loi.

D'après ce projet, on aurait déposé au bureau des hypothèques les copies des actes de mutation, et le conservateur les aurait transcrits *par extrait*. Ce système fut repoussé comme n'offrant pas assez de garanties. La loi de 1855 étant muette sur ce point, nous devons dès lors nous en rapporter aux dispositions du Code civil qui exige la transcription *en entier* des contrats translatifs de propriété (art. 2181).

Le doute n'est pas possible en présence du rejet de l'art. 3 du projet et des termes formels du rapport de M. de Belleyme.

Toutefois nous croyons devoir apporter un tempérament à ce formalisme, lorsque l'acte contient différentes conventions, indépendantes les unes des autres, et dont certaines seulement sont sujettes à transcription. Ainsi lorsqu'un contrat de mariage renferme diverses stipulations non translatives de propriété et la clause d'ameublissement déterminé, il suffit de transcrire la partie du contrat renfermant cette clause. Le but de la loi de 1855 est atteint. Les tiers sont avertis du déplacement de propriété qui s'est opéré. De quel intérêt leur seraient les autres stipulations renfermées dans le contrat que les parties veulent peut-être tenir secrètes pour des motifs de famille ?

De même si, dans une adjudication qui contient plusieurs lots immobiliers, chacun est attribué à une personne différente, chaque adjudicataire devra transcrire seulement la partie du jugement ayant trait à son lot.

L'acte doit être enregistré avant d'être transcrit. Les deux droits d'enregistrement et de transcription confondus par l'art. 52 de la loi du 28 avril 1816 sont perçus avant la présentation de l'acte au conservateur. Néanmoins la transcription n'en serait pas moins valable, en l'absence de l'acquittement de ces droits.

Le conservateur, d'ailleurs, n'est pas juge de la validité des actes qu'on lui apporte pour transcrire, et dans aucun cas, nous dit l'art. 2199, il ne peut refuser ni retarder la transcription.

Aucun délai n'est imposé pour opérer cette formalité, mais nous verrons plus loin qu'on est intéressé à l'accomplir le plus tôt possible en vertu de la maxime : *Potior tempore, potior jure*.

A la différence de l'inscription hypothécaire, elle n'encourt aucune déchéance, et ne se périme pas par dix années. Il est inutile de la renouveler.

SECTION II

PERSONNES POUVANT REQUÉRIR LA TRANSCRIPTION

Les personnes pouvant au premier chef requérir la transcription sont celles qui y sont intéressées, et dans cette classe rentrent les bénéficiaires du droit transmis dont l'intérêt est de se mettre à l'abri des concessions ultérieures de leur auteur.

En matière de vente, cette faculté appartient à
l'acquéreur et au vendeur, ce dernier ayant le
maintien de son privilége et de son action résolutoire subordonné à la formalité de la transcription.

Outre les bénéficiaires de l'acte, un mandataire
ou un gérant d'affaires peuvent aussi requérir la
transcription.

Cette formalité, n'étant qu'une mesure conserva-
toire, peut être accomplie à la requête des incapables. S'ils ne le font pas, certaines personnes déterminées doivent s'en acquitter à leur place, sous
peine d'encourir un recours de leur part *s'il y
échet*; mais ils ne sont point restitués contre le
défaut de transcription. La loi ne pouvait pas leur
sacrifier les droits légitimement acquis par des
tiers (art. 942).

Appliquant encore, par analogie de motifs, aux
actes à titre onéreux la disposition de l'art. 940,
qui a trait à la matière des donations, nous ren-
drons responsables du défaut de transcription :

1° Le mari, lorsque l'acte intéressera les biens
de sa femme dont il a l'administration ;

2° Les tuteurs et curateurs des mineurs et interdits pour les mutations les concernant ;

3° Les administrateurs des établissements pu-
blics.

On peut joindre à cette énumération les envoyés
en possession provisoire d'un présumé absent

(art. 125, C. c.), et les syndics d'une faillite (art. 490, C. comm.).

On s'est demandé si les notaires étaient tenus de faire transcrire les actes passés par eux. Nous regardons le fait de la transcription comme étant en dehors de leurs attributions. Ils sont institués pour passer des actes et leur donner le caractère d'authenticité, mais là s'arrête leur ministère. Ils ne sont pas obligés de veiller à l'accomplissement des conditions nécessaires pour en assurer l'effet, et rien dans la loi les concernant ne nous autorise à penser autrement. On ne peut les rendre responsables de l'accomplissement de la transcription que si on les en charge spécialement, et encore sont-ils tenus comme mandataires et non comme notaires.

Nous en dirons autant des avoués qui obtiennent des jugements d'adjudication. Leur ministère ne les oblige pas à les faire transcrire. Ils sont simplement tenus, sous peine de 100 fr. d'amende, de faire opérer la mention de tout jugement prononçant la résolution, nullité ou rescision d'un acte transcrit, en marge de la transcription faite sur le registre.

CHAPITRE III

Des effets de la transcription et des conséquences de son omission.

Toute loi doit, pour être complète, renfermer une sanction de ses prescriptions.

Qu'a fait sous ce rapport la loi du 23 mars 1855 ? Après avoir énuméré les actes translatifs ou constitutifs de propriété immobilière soumis à la transcription, elle indique les conséquences de l'observation ou de l'inobservation de cette formalité. Etudions-les avec elle.

Tout acte translatif intéresse deux groupes de personnes : les parties contractantes et ordinairement certaines personnes désignées sous la dénomination de *tiers*.

La transcription les intéresse-t-elle également ? C'est ce que nous allons voir.

SECTION I

EFFETS DE LA TRANSCRIPTION A L'ÉGARD DES PARTIES CONTRACTANTES

En présence des termes formels du rapport de M. de Belleyme, de la discussion qui suivit et de l'esprit qui a présidé à la rédaction de la loi, nous

15

sommes vraiment surpris qu'il se soit trouvé des personnes osant subordonner à l'accomplissement de la transcription le transfert de la propriété entre les parties contractantes.

Leur raisonnement est spécieux. Puisque, disent-elles, le vendeur qui a déjà vendu peut consentir une nouvelle vente à un second acquéreur, lequel sera préféré au premier s'il transcrit avant lui, c'est bien parce que la transcription seule a pu dépouiller le vendeur de la propriété de l'immeuble transcrit.

Il est facile de réfuter cette théorie. La convention intervenue entre les parties suffit à elle seule pour déplacer la propriété et en investir l'acquéreur; seulement si celui-ci ne transcrit pas, son droit, quoique existant à l'égard du vendeur, est paralysé et ne peut être opposé aux tiers. Or nous verrons plus loin que le second acquéreur est un tiers, pouvant invoquer le défaut de transcription de la partie contractante.

Ce résultat qui fait porter le préjudice sur l'acquéreur avec lequel a été passé l'acte légitime est la sanction de la publicité exigée par le législateur de 1855.

« Il fallait choisir, disait M. de Belleyme dans son rapport, entre l'acquéreur et le tiers, celui des deux qui serait victime de la non-exécution de la loi. L'acquéreur a été rendu responsable, car c'est lui qui aurait dû remplir les formalités de la loi, les tiers ne pouvant être chargés de le faire, puis-

qu'ils ne connaissent pas la vente. La faute étant
à la partie contractante, le préjudice doit être sup-
porté par elle. Le deuxième acquéreur a fait transcrire avant tout autre ; il doit être investi de la
propriété, car il est naturel que la loi préfère
celui qui la fait exécuter. »

Comme nous le disions ci-dessus, les travaux
préparatoires de la loi ne peuvent laisser aucun
doute sur la question que nous examinons. Le
rapporteur a répété souvent qu'on ne voulait pas
porter sur le Code une main sacrilège, ni boule-
verser son économie, que le principe spiritualiste
consacré par les art. 1138 et 1583 demeurait intact, la loi nouvelle ne s'occupant que des tiers.

D'ailleurs, n'est-il pas plus logique de reconnaître au législateur de 1855 l'intention de combler une lacune laissée ouverte par celui de 1804?
Le projet du Code civil renfermait un article relatif à la transcription qui disparut, mais s'il avait
vu le jour, il ne se serait pas heurté au principe
des art. 1138 et 1583 rédigés au contraire en pré-
vision d'une disposition ultérieure s'occupant des
tiers. Cette disposition a paru sous la forme de la
loi de 1855 et loin de détruire l'harmonie du code,
elle le complète.

Il est donc certain pour nous que, dans les obligations conventionnelles de donner un corps certain, la
vente par exemple, la transmission de la propriété
s'opère entre les parties contractantes par le seul
consentement, sans que la transcription soit né-

cessaire. Cette formalité n'est pas une condition
de validité du contrat , elle est purement faculta-
tive, sauf à supporter, les conséquences de son
omission, et les parties ne peuvent se refuser à exécuter leurs obligations à cause de son non-accomplissement ; ainsi le vendeur ne pourrait pas ba-
ser là-dessus son refus de faire livraison, ni l'a-
cheteur de payer le prix. Bien plus, si le premier
acquéreur est évincé par un second qui a transcrit
avant lui, il a un recours en garantie contre le
vendeur pour cause provenant de son fait personnel (art. 1628), sans que celui-ci puisse alléguer sa
négligence de ne pas avoir transcrit. La transcription n'est pas nécessaire à son égard, et il est
toujours lié par la convention.

SECTION II

EFFETS DE LA TRANSCRIPTION A L'ÉGARD DES TIERS

Si les règles du Code civil, relatives au transfert de la propriété entre les parties contractantes,
sont demeurées intactes malgré le rétablissement
de la transcription , il n'en est pas de même de
celles régissant les tiers.

Sous l'empire du Code civil, le principe était le
même. Le consentement seul suffisait pour transférer la propriété *erga omnes* , entre les parties
comme à l'égard des tiers, et dans le cas de con-

cours de deux titres s'excluant l'un l'autre, la préférence était donnée à celui dont la date certaine était plus ancienne.

La loi du 23 mars 1855, revenant au système de la loi de Brumaire, a opéré une scission bien tranchée entre les parties contractantes et les tiers. Laissant intact le principe philosophique du Code qui règle le rapport des parties entre elles, elle le renverse en ce qui concerne les tiers.

Désormais, à leur égard, la propriété ne sera transférée que par la transcription de l'acte translatif.

Ainsi, l'acquéreur qui fait transcrire son titre devient propriétaire *erga omnes* et est à l'abri de toute concession de droits réels faite postérieurement par son auteur. Si, au contraire, il n'accomplit pas cette formalité, son droit sera primé par celui d'un acquéreur postérieur en date qui aura transcrit son titre.

Ces conséquences de la transcription ou de son omission sont contenues en termes plus concis dans l'art. 3 de la loi de 1855 : « Jusqu'à la transcription, dit-il, les droits résultant des actes et jugements énoncés aux articles précédents ne peuvent être opposés aux tiers qui ont des droits sur l'immeuble et qui les ont conservés en se conformant aux lois. »

Cet article ne permet pas à tous les *tiers* indistinctement de se prévaloir du défaut de transcription. Il faut, pour rentrer dans la catégorie des

tiers dans le sens de la loi de 1855, remplir une
double condition : 1° avoir des droits sur l'immeuble transféré par l'acte non transcrit ; 2° les avoir
conservés en se conformant aux lois.

Toute personne réunissant ces conditions peut
invoquer l'article 3 , excepté toutefois celles qui,
en vertu d'un mandat conventionnel, légal ou
judiciaire, étaient chargées de faire opérer la
transcription omise, tels que le mari administra-
teur des biens de sa femme aliénatrice, le tuteur
d'un vendeur mineur ou interdit, et généralement
tous les administrateurs de patrimoines d'incapables.

L'article 941 C. c. pose ce principe pour les actes à titre gratuit. Ces personnes, en faute de ne
pas avoir fait transcrire, ne doivent pas se prévaloir de leur négligence ou de leur fraude. Elles seraient d'ailleurs écartées par application de la règle : « *Quem de evictione tenet actio, eumdem agentem repellit exceptio.* »

Ce même motif nous autorise à étendre aux actes
à titre onéreux la disposition de l'art. 941. Aux
termes de ce même article, les ayant-cause des personnes chargées de requérir la transcription ne
peuvent opposer le non accomplissement de cette
formalité. Cela ne peut faire de doute pour les héritiers et successeurs universels ou à titre universel.
Ils sont tenus des mêmes obligations que leur auteur. Mais en est-il de même des ayant-cause particuliers, des acquéreurs, par exemple ?

La question controversée en matière de donations ne saurait être douteuse pour les actes à titre
onéreux, en présence des termes généraux dont
se sert l'art. 3. Les acquéreurs, les créanciers
hypothécaires du tuteur ou du mari sont des tiers
dans le sens de la loi de 1855. Ils peuvent donc
opposer le défaut de transcription aux incapables
dont la seule ressource sera le recours contre
leur représentant, sauf à courir la chance de l'insolvabilité.

C'est en vertu d'une règle de droit commun
que nous avons refusé à cette catégorie de personnes la faculté de se prévaloir de l'art. 3. Indi-
quons maintenant celles qui doivent en être
privées comme ne remplissant pas les conditions
exigées.

PREMIÈRE CONDITION. — *Il faut avoir un droit
sur l'immeuble.* — Ces termes de la loi de 1855
sont beaucoup plus larges que ceux de la loi de
Brumaire. Tandis que celle-ci permettait de se
prévaloir du défaut de transcription à ceux-là seuls
qui avaient *contracté* avec le vendeur (art. 26), la
loi nouvelle donne cette même faculté à tous ceux
qui ont un droit sur l'immeuble sans se préoccuper
de la source de ce droit. Ainsi, les créanciers à
hypothèque légale ou judiciaire sont, à ce point de
vue, assimilés aux créanciers à hypothèque con-
ventionnelle.

Cette première condition ne se rencontre pas :
1° Chez le vendeur lui-même.

Dès la vente, il a perdu son droit de propriété, dont l'acquéreur a été investi. Si donc ce dernier revend, avant d'avoir transcrit son contrat, le sous-acquéreur n'a pas à redouter une éviction de la part du vendeur.

2° Chez les héritiers et successeurs universels ou à titre universel du vendeur.

Continuateurs de la personne du vendeur, ils bénéficient de ses droits et sont tenus de ses obligations. Ainsi ils ne peuvent pas prétendre que l'immeuble dont l'acte translatif n'a pas été transcrit fait partie de la succession.

La solution est la même, que la succession soit acceptée purement et simplement ou sous bénéfice d'inventaire. L'héritier bénéficiaire est un véritable héritier, un vrai successeur tenu de toutes les dettes et charges de la succession sur les biens héréditaires seulement, par suite de son acceptation limitée.

Il y a lieu d'établir une différence entre ces deux situations dans une espèce particulière. On suppose que le vendeur après avoir aliéné un immeuble à un étranger qui ne transcrit pas, le revend à un second acquéreur qui transcrit et devient son héritier. Si celui-ci accepte la succession purement et simplement, il devra respecter la première aliénation comme tenu, même sur ses propres biens, de l'obligation de garantie de son auteur, *quem de evictione tenet actio, eumdem agentem repellit exceptio.* Si, au contraire, il accepte sous bénéfice d'inventaire, il pourra opposer au premier acquéreur le défaut de transcription. Son patrimoine, en effet, ne se confond pas avec celui du défunt. Il est devenu propriétaire de l'immeuble qui compte dans ses biens personnels. En sa qualité d'héritier bénéficiaire, il n'est tenu de l'obligation de garantie que sur les biens de la succession. Or, si on lui refuse le droit d'opposer le défaut de transcription, on le force à exécuter cette obligation sur ses biens propres, ce qui ne doit pas être.

3° Chez les créanciers chirographaires de l'aliénateur.

A leur égard, l'aliénation est consommée même avant la transcription. Ce point ne saurait être douteux en présence de la déclaration des rédacteurs de la loi. M. de Belleyme, dans son rapport, et M. Rouher, dans le cours de la discussion, n'ont pas hésité à refuser aux créanciers chirographaires le droit d'opposer le défaut de transcription. Le projet primitif, par son art. 3, accordait cette faculté à tous les tiers ayant *des droits*, et l'on ajouta ces mots *droits sur l'immeuble*, afin, précisément, d'exclure les chirographaires. Ils n'ont, en effet, qu'un droit de gage planant sur l'ensemble du patrimoine de leur débiteur, mais ne se fixant sur aucun immeuble en particulier. Ils ont eu confiance dans la bonne foi de leur débiteur et lui ont laissé la faculté de disposer de ses biens.

Certaines circonstances ne modifient-elles pas le droit de ces créanciers en leur permettant d'opposer le défaut de transcription ?

Ainsi, le fait d'exercer des poursuites pour arriver à la réalisation de leur gage, de saisir un immeuble sur la tête de leur débiteur ne les range-t-il pas dans la classe des tiers dans le sens de la loi de 1855 ?

Ecartons d'abord du débat deux hypothèses dans lesquelles il ne saurait y avoir doute sur la réponse à faire.

L'aliénation a-t-elle lieu après la transcription de la saisie ? Elle est nulle aux termes de l'art. 686 C. proc. et les créanciers saisissants l'emportent. Au contraire, est-elle consentie et transcrite avant la transcription de la saisie, l'acquéreur est préféré aux créanciers poursuivants.

Une grande controverse qui divise les auteurs et la jurisprudence s'élève lorsqu'il s'agit de l'aliénation d'un immeuble saisi ayant acquis date certaine avant la transcription de la saisie, mais transcrite seulement après l'accomplissement de cette formalité. On se demande qui doit l'emporter de l'acquéreur ou du saisissant ?

La question revient à celle de savoir si la transcription de la saisie immobilière confère au créancier saisissant un droit sur l'immeuble qui lui fasse remplir les conditions exigées par l'art. 3.

Si oui, le conflit existant entre le saisissant et l'acquéreur sur le même immeuble se règlera par la date des transcriptions, et comme dans l'espèce, c'est le créancier saisissant qui a transcrit le premier, il sera préféré à l'acheteur qui ne pourra pas lui opposer la vente.

Si non, le conflit entre l'acquéreur et un créancier qui n'a pas de droit sur l'immeuble, qui n'est pas un tiers dans le sens de la loi de 1855, se réglera par la date de l'aliénation, et dans l'espèce, l'acheteur l'emportera.

L'intérêt de la question est donc évident et mérite un examen assez détaillé.

Deux opinions bien tranchées se sont formées. D'après l'une, la transcription de la saisie confère au créancier saisissant un droit réel sur l'immeuble. Selon l'autre, elle ne lui attribue aucun droit réel.

La première opinion nous paraît être préférable. Justifions-la.

Tout le monde admet que celui qui acquiert des démembrements du droit de propriété sur un immeuble a un droit réel sur cet immeuble. Or, la saisie dûment transcrite dépouille le débiteur saisi de l'*usus* et du *fructus*, puisque les fruits de l'immeuble sont immobilisés pour former un capital qui sera vendu et servira à désintéresser le créancier saisissant (art. 682 et 685 C. P.). Elle lui enlève en outre une partie de l'*abusus*, en le privant de la faculté d'aliéner l'immeuble saisi (art. 686 C. P.). Si le saisi a perdu la majeure partie des attributs du droit de propriété, le saisissant a dû l'acquérir. Il a donc un droit réel sur l'immeuble et de ce chef il peut opposer à l'acquéreur le défaut de transcription de l'acte d'aliénation.

L'opinion adverse fait diverses objections que nous devons réfuter :

1° Mais, disent ses partisans, ce droit réel que la transcription de la saisie conférerait au saisissant n'est nommé nulle part par le législateur. Il ne doit pas exister dès lors.

Cette objection n'est pas sérieuse. Qu'importe que le législateur n'ait pas nommé ce droit, s'il le fait vivre, s'il en détermine les effets ? Or, nous en connaissons les effets : l'immobilisation des fruits, l'indisponibilité de l'immeuble, tout autant de démembrements du droit de propriété constituant des droits réels.

2° Ils ajoutent : Cette immobilisation des fruits, cette indisponibilité de l'immeuble résultent non pas de démembrements de la propriété du débiteur saisi au profit du saisissant, mais de son incapacité.

Comment peut-on concevoir qu'une personne soit incapable d'aliéner un certain immeuble, d'en percevoir les fruits et capable, à la fois, d'aliéner les autres immeubles et d'en percevoir les fruits ?

L'incapacité a sa source dans l'état de la personne et non d'un bien. Quand une personne est incapable, elle l'est relativement à tous ses biens, son incapacité est absolue ; mais si elle ne l'est que relativement à certains biens, on dit que ces biens sont indisponibles. La confusion entre l'incapacité et l'indisponibilité ne peut résulter que d'un abus de langage.

3° Le créancier saisissant a si bien un simple droit de créance et non un droit réel, que la saisie tombe s'il est désintéressé par le débiteur saisi.

Cet argument ne prouve rien. Tous les droits réels accessoires sont dans le même cas. Toutes les fois que la créance garantie par une hypothèque ou un gage s'éteint, le droit réel disparaît aussi. *Accessorium sequitur principale.*

Dans l'espèce, le saisissant perdant la qualité de créancier perd en même temps son droit réel qui garantissait sa créance. Mais cette conséquence est une application d'un axiome de droit et n'attaque en rien la réalité du droit.

4° Si la transcription de la saisie conférait au créancier un droit réel sur l'immeuble saisi, elle validerait un acte inexistant, la saisie qui est nulle comme pratiquée sur un non-propriétaire de l'immeuble. La vente, en effet, ayant acquis date certaine avant la transcription de la saisie, a fait sortir l'immeuble du patrimoine du débiteur saisi. Or un acte inexistant ne peut être validé, et les défenseurs de cette opinion en tirent comme conséquence que la transcription de la saisie ne peut pas conférer un droit réel au saisissant.

Ce raisonnement d'une apparence spécieuse ne tend à rien moins qu'à renverser la loi de 1855. Entre deux acquéreurs successifs dont le second a transcrit le premier, la préférence devrait être donnée toujours au premier sous le prétexte que l'aliénateur, en consentant une seconde vente, a fait un acte nul que la transcription est incapable de valider. Cependant c'est le résultat inverse qui a lieu. L'aliénation, depuis la loi nouvelle, n'est parfaite à l'égard des tiers que par la transcription, et comme cette formalité n'a pas eu lieu dans l'espèce, les tiers pourront se prévaloir de son non-accomplissement. Or, nous croyons avoir démontré que le créancier saisissant est un tiers dans le sens de l'art. 3.

Entre ces deux opinions extrêmes s'en place une troisième mixte qui résout la question différemment, suivant que le créancier saisissant est chirographaire ou hypothécaire. Refusant au premier le droit de se prévaloir du défaut de transcription, elle l'accorde au second.

Elle repose, ce nous semble, sur une confusion. Ce n'est pas en vertu de son droit réel résultant de l'hypothèque que le créancier hypothécaire a pratiqué la saisie, mais en vertu du même droit que le simple chirographaire, c'est-à-dire en sa qualité de créancier en vertu de l'art. 2092. Le créancier hypothécaire doit respecter les aliénations consenties par son débiteur; sa qualité lui confère seulement le droit de suite et le droit de préférence. La faculté d'après laquelle, aux termes de l'art. 686 C. P., il peut, après la transcription de la saisie, méconnaître les ventes de son débiteur n'est pas attachée à son droit d'hypothèque. Un droit nouveau lui est acquis, droit résultant de sa qualité de saisissant et dont le créancier chirographaire est investi comme lui.

La question est donc la même pour ces deux classes de créanciers.

Une question analogue se présente dans le cas de faillite. On se demande si les créanciers chirographaires d'un failli peuvent opposer le défaut de transcription à l'acquéreur d'un immeuble dont l'acte d'achat non transcrit a acquis date certaine avant la déclaration de faillite?

Cela revient à savoir si les créanciers chirographaires d'un failli sont des tiers dans le sens de la loi de 1855.

Le failli, comme le saisi, est dépossédé de ses biens; il ne peut même pas les aliéner, il ne peut pas les hypothéquer, tandis que ce droit est encore laissé au saisi. Ce dessaisissement qui résulte du jugement déclaratif de faillite confère bien aux créanciers un droit réel, mais pour remplir les conditions exigées par l'art. 3, ils doivent l'avoir conservé en se conformant aux lois, c'est-à-dire en le faisant inscrire par le syndic (art. 490. C. com.). A partir de ce moment seulement les créanciers chirographaires seront des tiers pouvant opposer le défaut de transcription. C'est en ce sens que s'est prononcée la Cour de cassation par un arrêt du 5 août 1869.

Nous avons ainsi indiqué les personnes qui ne remplissent pas la première condition de l'art. 3,

sauf dans certains cas spéciaux. Il reste à énumé-
rer celles chez qui on la rencontre. Ce sont :

1° Le deuxième acquéreur, même à titre gratuit.

Nous repoussons ainsi l'opinion de ceux qui refusent au donataire le droit d'opposer le défaut de
transcription à un acquéreur à titre onéreux antérieur. Troplong, un des principaux défenseurs de
cette doctrine, essaie de la justifier par plusieurs
raisons. Il invoque d'abord l'esprit de la loi de
1855 qui, selon lui, n'a eu en vue que de favoriser
le crédit foncier et de protéger ceux qui ont traité
à titre onéreux. De plus, dit-il, entre deux personnes dont l'une *certat de lucro captando* et l'autre *de
damno vitando*, la préférence doit toujours être
donnée à cette dernière, à l'acquéreur à titre onéreux dans l'espèce.

D'ailleurs, ajoute-t-il, si l'acheteur succombe
parce qu'il n'a pas transcrit, il peut toujours par
l'action Paulienne faire tomber la donation comme
faite en fraude de ses droits.

Tous ces arguments viennent se heurter contre
le principe général et absolu édicté par l'art. 3.
Sans tenir compte de la nature du titre, pourvu
toutefois qu'il soit translatif, il accorde le droit de
se prévaloir du défaut de transcription à tout tiers
ayant des droits sur l'immeuble et les ayant conservés en se conformant aux lois. Le donataire
comme l'acquéreur, a un droit sur l'immeuble cela
est incontestable. La préférence devra donc être
donnée à celui des deux qui aura le premier trans-

crit. *Vigilantibus non dormientibus jura subveniunt.*
La loi protège plutôt ceux qui l'exécutent, qui sont
soucieux de leurs droits, que les négligents. Dans
l'espèce, le donataire s'est conformé à ses prescriptions avant l'acheteur ; il doit le primer.

Quant à l'argument tiré de la possibilité d'exercer l'action Paulienne, il n'est pas péremptoire.
L'art. 1167 pourra ne pas toujours recevoir son
application. Pour s'en prévaloir, l'acquéreur à titre
onéreux doit en effet établir que la donation a rendu
le donateur insolvable. Dans le cas contraire,
l'art. 1167 ne peut faire résoudre la donation qui,
transcrite, l'emportera sur une vente non publiée.

2° Les créanciers hypothécaires du vendeur.
— Les créanciers, qui ayant obtenu d'une personne la concession d'une hypothèque sur un immeuble déjà aliéné, l'ont inscrite avant la transcription de l'acte d'aliénation, peuvent se prévaloir
du défaut de transcription. Ils ont un droit réel
sur l'immeuble et ils l'ont conservé en se conformant aux lois.

3° Le légataire à titre particulier d'un immeuble vendu avant la confection du testament. (1)

Pourquoi lui refuserait-on la faculté de se
prévaloir du défaut de transcription ?

Ne rentre-t-il pas dans la catégorie des tiers de
l'art. 3 ? Dès la mort du testateur, il acquiert sur

---

(1) L'hypothèse inverse ne peut se présenter pour le motif
que le legs ayant précédé la vente serait révoqué par cet acte
(art. 1038).

l'immeuble un droit de propriété dont la transcription n'est pas nécessaire. C'est sur ce dernier point que nous attaquent nos adversaires. Puisque, disent-ils, le légataire est dispensé de publier son droit, il ne peut pas rentrer dans la classe de ceux qui conservent leur droit en se conformant aux lois, et partant il ne remplit pas la seconde condition exigée par la loi de 1855.

Cette objection nous touche peu. Lorsque l'exercice d'un droit est subordonné à l'accomplissement de plusieurs conditions, on ne doit pas, ce nous semble, l'interdire à une catégorie de personnes sous prétexte qu'elle a été dispensée d'une d'entre elles. La dispense prouve simplement que cette condition a été jugée inutile pour une raison ou pour une autre. C'est ce qui se passe pour le légataire à titre particulier. Il remplit la première condition. Quant à la seconde, elle n'a pas été trouvée nécessaire. On l'a dispensé de la transcription parce que son droit est présumé connu des tiers, est légalement tenu pour public par la mort du testateur. Il serait bizarre que celui qui est dispensé d'une condition soit moins bien traité que celui qui doit l'accomplir.

D'autres auteurs refusent ce droit au légataire sous le prétexte qu'il n'a pas *contracté* avec le défunt. Or, les tiers seuls qui ont contracté avec le vendeur peuvent opposer le défaut de transcription.

Cette objection vraie sous l'empire de la loi du

11 Brumaire an VII (art. 26) tombe devant la rédaction plus large de l'art. 3 de la loi de 1855,
qui, ne distinguant pas si les tiers tiennent leur
droit d'un contrat ou de toute autre source, vise
« tout tiers ayant des droits sur l'immeuble », formule dans laquelle rentre le légataire à titre particulier.

Il faut donc lui reconnaître la faculté d'opposer
le défaut de transcription à tout acquéreur de l'immeuble antérieur à la confection du testament et
qui n'a pas rendu public son titre d'acquisition à la
mort de l'auteur commun.

Deuxième condition. — *Il faut avoir conservé son
droit en se conformant aux lois.* — Pour pouvoir
opposer à un acquéreur antérieur le défaut de transcription, il ne suffit pas au tiers d'avoir un droit
sur l'immeuble, il doit en outre l'avoir conservé en
se conformant aux lois, c'est-à-dire en avoir fait
transcrire ou inscrire, suivant sa nature, le titre
constitutif. Une exception est faite en faveur du
sous-acquéreur dont l'auteur a transcrit son titre
passé avec le vendeur originaire. Quoique ne s'é-
tant pas conformé à la loi, il peut opposer aux
ayant-cause du vendeur originaire le défaut de
transcription d'un acte antérieur à la transcription
du titre de son auteur. Cette exception n'est d'ailleurs que l'application du principe édicté par
l'art. 1166 du Code civil et ne porte pas préjudice aux tiers qui sont avertis que le vendeur originaire a cessé d'être propriétaire. Hors ce cas,

les deux conditions doivent être réunies pour permettre aux tiers d'invoquer la disposition de
l'art. 3.

Par application de ces principes, au cas de conflit entre deux acquéreurs successifs du même immeuble tenant leur droit du même vendeur, la
préférence appartient au second s'il a transcrit son
contrat d'acquisition avant le premier. Celui-ci ne
peut pas lui opposer la règle : *nemo plus juris ad
alium transferre potest quam ipse haberet*, à laquelle
la loi de 1855 a eu pour but de déroger dans l'intérêt des tiers, mais il a un recours en garantie
contre le vendeur.

On s'est demandé s'il ne pourrait pas repousser
la revendication du second acquéreur en établis-
sant chez lui la connaissance de la première aliénation, au moment de son acquisition, par un autre
mode que la voie de la transcription qui fait défaut.

Le code s'est exprimé sur ce point en ce qui
concerne les substitutions. L'art. 1071 est ainsi
conçu : « Le défaut de transcription ne pourra
être suppléé ni regardé comme couvert par la
connaissance que les créanciers ou les tiers acquéreurs pourraient avoir eue de la disposition par
d'autres voies que celle de la transcription. » Cette
solution étendue sans difficulté aux donations
doit-elle l'être aux actes à titre onéreux ? L'affirmative paraît devoir être admise en vertu d'un
argument d'analogie.

Quel est le but de l'art. 1071 ? Qu'a voulu le législateur en l'édictant ? Prévenir un grand nombre de procès qui se seraient élevés sur la question de savoir si un tiers acquéreur avait connu la substitution. Le même motif milite, ce nous semble, pour faire décider dans le même sens lorsqu'il s'agira d'actes à titre onéreux.

Si cette solution, contraire, il est vrai, à l'équité, ne trouve pas sa justification dans le texte de la loi de 1855, elle est du moins conforme à son esprit. La transcription a été instituée dans un intérêt d'ordre public, pour rendre valables à l'égard des tiers les mutations immobilières. Elle est pour eux une présomption légale de connaissance de l'acte translatif, si elle a été accomplie, d'ignorance au contraire, si elle a été omise. Ils sont autorisés à croire, dans ce dernier cas, que l'on n'a pas voulu donner suite au premier contrat. Si donc la publicité légale ne vient pas leur révéler le transfert de propriété, on ne pourra pas établir qu'elle leur était connue par un autre mode.

La majorité des auteurs apportant un tempérament à cette règle en refuse le bénéfice au second acquéreur qui aurait participé à la fraude du vendeur. Ils se fondent sur cette maxime de droit : *fraus omnia corrumpit* et sur les paroles prononcées par M. Suin, dans l'exposé des motifs. « Entre deux acquéreurs, dit-il, la préférence est donnée au premier qui a transcrit, *à moins qu'il n'ait participé à la fraude.* »

Nous croyons qu'on ne doit pas pousser les conséquences de cette opinion jusqu'aux dernières
limites. Autrement l'art. 1071 serait inapplicable.
Comment, en effet, soutenir que le second acquéreur qui a eu connaissance de la première aliénation n'a pas participé dans une certaine mesure au
dol du vendeur ? Son concours donné à l'acte prou-
verait le contraire.

Les tribunaux devront être très prudents en
cette matière et ne faire découler l'idée de fraude
que de faits très graves, comme la participation du
second acquéreur au gain à réaliser sur le premier, l'emploi de manœuvres frauduleuses pour
l'empêcher de transcrire.

La règle découlant de l'application de l'art. 3,
que nous venons d'examiner, reçoit exception lorsque le premier acquéreur est un adjudicataire qui
a transcrit la saisie immobilière mais non le jugement d'adjudication, avant la conclusion et la
transcription de la seconde aliénation.

Aux termes de la loi de 1855, la préférence serait donnée au second acquéreur qui a transcrit
son titre avant l'adjudicataire.

Cette solution heurte trop violemment la disposition de l'art. 686 C. p., pour pouvoir être admise.
Cet article frappant de nullité toute aliénation
faite par le débiteur saisi après la transcription de
la saisie, on attribuerait à cette formalité une
vertu qu'elle n'a pas, celle de valider un acte nul.
Et qu'on ne dise pas que la loi de 1855 a abrogé

l'art. 686 ! L'adjudicataire est dans une situation particulière qui doit être régie par des règles spéciales. Ainsi l'art. 713. C. pr. l'oblige à satisfaire aux conditions du cahier des charges, avant d'obtenir la délivrance du jugement d'adjudication. Son retard dans l'accomplissement de la transcription tiendra non pas à sa négligence, mais à une impossibilité matérielle, et cependant, si on supprime l'art. 685, un second acquéreur pourra profiter de ce retard et lui être préféré. Ce dernier n'est pas d'ailleurs sacrifié et il ne peut pas invoquer son ignorance. La transcription de la saisie ne l'a-t-elle pas averti de la situation du débiteur avec qui il veut traiter ? Il faut donc reconnaître que la règle générale de l'art. 3 et la règle spéciale de l'art. 686 existent dans notre législation comme cela avait lieu sous celle de Brumaire an VII (art. 8 et 22).

Nous avons raisonné jusqu'ici dans les hypothèses où le premier acquéreur n'a pas transcrit ou a transcrit après le second, et dans les deux cas nous avons adopté la même solution.

Aucune difficulté n'est possible lorsque la date des deux transcriptions est différente. Mais que décider si elles ont eu lieu le même jour ? Lequel des deux acquéreurs l'emportera sur l'autre ?

La solution adoptée par l'art. 2147, en matière hypothécaire, ne peut être ici appliquée. Si deux créanciers hypothécaires peuvent concourir ensemble pour obtenir le paiement de leurs créances, il n'en est pas de même de deux acquéreurs dont les titres s'excluent mutuellement. L'un ou l'autre doit l'emporter, mais leur coexistence est impossible.

Certains auteurs donnent la préférence à celui qui aura transcrit le premier, et cette priorité est établie par le numéro d'ordre que donne le conservateur sur son registre de dépôts aux actes de mutations immobilières qu'on lui présente à transcrire (art. 2200).

Cette opinion doit être rejetée comme n'ayant pas été admise par le législateur en matière hypothécaire. Il n'a pas voulu faire prévaloir une inscription sur une autre faite le même jour, et cependant le mécanisme de publicité des hypothèques est analogue à celui des actes translatifs. La raison qui l'a guidé dans sa solution est la même pour ces droits réels. Il a craint la collusion entre le conservateur des hypothèques et les créanciers. En effet, disait Treilhard, lors de la discussion du Code civil, lorsque plusieurs créanciers se présenteraient le même jour, le conservateur deviendrait le maître de donner l'antériorité à celui qu'il lui plairait, si l'inscription faite le matin devait primer celle qui ne serait faite que le soir. L'intention du législateur, en édictant l'art. 2147, est donc évidente ; il a voulu éviter la fraude. Par le même motif, nous ne nous arrêterons pas au numéro d'ordre du registre de dépôts et donnerons la préférence à l'acquéreur dont le titre aura le premier reçu date certaine.

La nouvelle loi votée le 5 janvier 1875, relative à la conservation des registres hypothécaires ne change rien à cette solution. Elle n'a, nous le savons, d'autre but que d'assurer d'une manière plus complète la conservation de ces registres, mais ne touche pas à la question.

Au cas où le conflit existe entre deux acquéreurs successifs du même immeuble dont aucun n'a transcrit, la préférence appartient aussi à celui dont le titre a reçu, le premier, date certaine. Cette solution résulte non pas de la loi de 1855, puisque ses conditions ne sont pas remplies, mais des rè·gles de droit commun.

Nous avons supposé jusqu'à présent un conflit existant entre deux acquéreurs qui tiennent leur droit du même auteur. Examinons une hypothèse dans laquelle ils le tiennent d'auteurs différents. Ainsi Primus vend un immeuble à Secundus qui ne fait pas transcrire son titre ; celui-ci revend à Tertius qui transcrit. Postérieurement Primus vend le même immeuble à Quartus qui lui aussi se conforme à la loi. Lequel doit l'emporter de Tertius et de Quartus ?

La solution de la question dépend du point de savoir si le dernier sous-acquéreur doit, pour pouvoir invoquer l'art. 3, faire transcrire tous les contrats antérieurs au sien, au cas où ils ne l'auraient pas encore été, ou si la transcription de son contrat seul suffit ?

On ne peut tirer un argument dans aucun sens de la discussion faite à la séance du Corps législatif le 16 janvier 1855.

M. Duclos exprima le désir de voir le rapporteur s'expliquer sur la question très controversée de savoir si la transcription du dernier contrat de vente suffirait pour opérer la purge au profit de l'acquéreur relativement aux précédents propriétaires dont les noms seraient mentionnés dans le contrat. Mais M. de Belleyme se contenta de faire remarquer que cette question qui partageait les cours souveraines était une question de jurisprudence et de régime hypothécaire dont la solution n'appartenait pas à la loi de 1855.

Il faut donc chercher ailleurs les éléments de notre solution et nous croyons les trouver dans l'esprit de la loi et le mécanisme de la publicité tel qu'il est organisé.

La transcription est aujourd'hui exigée pour rendre les actes qui y sont soumis opposables aux tiers ; jusqu'à son accomplissement, ils sont censés inexistants à leur égard. Ainsi un acquéreur n'a, faute de transcription, qu'un droit de propriété purement relatif, précaire et sujet à être anéanti, par suite de toute aliénation consentie par son auteur et dûment publiée. Appliquons ces principes à notre espèce. Secundus, en ne transcrivant pas son acte d'acquisition, ne l'a pas rendu opposable aux tiers, c'est-à-dire à ceux qui, comme Quartus, peuvent traiter dans la suite avec Primus à l'occasion du même immeuble. Tertius a, il est vrai, transcrit son contrat passé avec Secundus, mais l'accomplissement de cette formalité ne peut avoir pour résultat de lui donner plus de droit que n'en avait son auteur ; il n'a pu dès lors être investi que d'un droit de propriété relatif, non opposable aux tiers qui sont entrés postérieurement en relation d'affaires avec Primus. Quartus l'emportera donc sur Tertius. On ne peut pas d'ailleurs lui faire un reproche de n'avoir pas consulté les registres du conservateur pour contrôler la propriété de Primus.

Il suffit de se rappeler l'organisation des conservations hypothécaires pour voir qu'il lui est impossible de connaître les aliénations consenties à Secundus et à Tertius par ce dernier.

La loi française, nous le savons, a ouvert un compte non aux immeubles, mais aux propriétaires. Lorsque les transcriptions intégrales des actes ont été faites sur un registre, le conservateur les énonce par extrait sur le registre-répertoire qui renferme par ordre alphabétique tous les noms des propriétaires. Il mentionne l'aliénation à l'actif de l'acquéreur et au passif du vendeur. Il lui est ensuite facile de renseigner sur l'état territorial de ce dernier.

Dans l'espèce qui nous occupe, ces renseignements ne sont pas exacts. Le contrat passé entre

Secundus et Tertius est, il est vrai, transcrit et mention en est faite à la colonne du passif du premier et de l'actif du second, mais il n'est pas question de Primus dont l'acte d'aliénation n'a pas été transcrit. Lorsque Quartus, voulant traiter avec lui, demandera au conservateur s'il est toujours propriétaire de l'immeuble déjà vendu, celui-ci ne voyant aucune aliénation mentionnée à sa colonne du passif répondra affirmativement. Il se rendra alors acquéreur de l'immeuble, se conformera à la loi pour conserver son droit de propriété; mais, au moment où il croira pouvoir l'exercer, Tertius se présentera et lui opposera un titre antérieur dûment publié, qu'il n'a pu cependant connaître.

Donner la préférence à ce dernier serait, croyons-nous, admettre un résultat trop en opposition avec le but de la loi du 23 mars.

Elle a été rendue dans l'intérêt des tiers, pour assurer la sécurité des transactions en mettant à jour la position des parties qui entrent en relations d'affaires et éviter ainsi à l'acheteur toute éviction de la part d'autres acquéreurs qui lui opposeraient des *titres* plus anciens, mais restés clandestins. Or, ce but ne serait pas atteint si Tertius primait Quartus, lequel, confiant dans le principe posé par la loi elle-même, a traité avec la conviction que Primus était réellement propriétaire de l'immeuble. On retomberait dans la clandestinité des mutations puisqu'on serait exposé à l'éviction d'un sous-acquéreur dont, cependant, il n'a pas été possible de connaître l'acte d'acquisition.

Par le même motif, nous rejetons l'opinion mixte qui donne la préférence à Tertius, seulement dans le cas où son acte d'acquisition relate l'aliénation consentie par Primus à Secundus.

A quoi sert, en effet, cette mention pour Quartus ? Le plus souvent, ne connaissant ni Secundus ni Tertius, il demandera l'état des transcriptions existant sur Primus et il lui sera répondu par un certificat négatif. Il sera induit en erreur et il ne pourra pas en rendre responsable le conservateur qui n'est pas obligé, lorsqu'il transcrit un contrat contenant la désignation de mutations antérieures, de vérifier sur ses registres, au nom des vendeurs indiqués, si ces mutations ont été transcrites, et de remplir cette formalité s'ils ne l'ont pas fait.

L'opinion qui donne toujours la préférence à Tertius puise son principal argument dans l'art. 6 de la loi de 1855. D'après cet article, la transcription de Tertius enlèvera à Primus son privilège, s'il ne l'inscrit pas dans les quarante-cinq jours de l'acte de vente. Or, dit-on, si cette transcription est opposable à Primus, on ne comprend pas pourquoi elle ne le serait pas à ses ayant-cause, comme Quartus.

Les partisans de cette opinion nous paraissent méconnaître la distinction bien tranchée qui sépare les effets de la transcription à l'égard des parties contractantes et ses effets à l'égard des tiers.

La transcription de Tertius est opposable à Primus parce que l'aliénation qu'il a consentie à Secundus est parfaite, indépendamment de toute transcription; il ne peut pas invoquer son ignorance de la vente; il était partie au contrat.

Quartus, au contraire, l'ayant-cause de Primus, peut se prévaloir du défaut de transcription, car, à son égard, la vente est demeurée clandestine. Le cas prévu par l'art. 6 et celui dont nous nous occupons ne sont pas semblables.

De tout ce qui précède, il résulte qu'un sous-acquéreur n'est admis à se prévaloir du défaut de transcription à l'encontre des ayant-cause du vendeur originaire qu'autant que l'acte passé avec le premier acquéreur a été transcrit avant ceux des ayant-cause du vendeur originaire. Dans l'espèce, Tertius l'emportera sur Quartus, à la condition de faire transcrire son contrat passé avec Secundus et celui passé par ce dernier avec Primus.

Nous bornons là l'étude des conséquences que peut avoir, à l'égard des tiers, l'observation ou l'inobservation de la transcription. Nous avons parcouru à peu près tous les cas de conflit entre les acquéreurs successifs d'un même immeuble et nous les avons résolus d'après le texte et l'esprit de la loi de 1855. Toutefois, avant de terminer cette thèse, il reste à indiquer une règle de droit commun qui continue à recevoir son application malgré le texte de l'art. 3.

Cet article permet à l'acquéreur qui s'est conformé à la loi d'opposer le défaut de transcription à un acquéreur antérieur en date d'un même immeuble.

Interprété judaïquement, ce principe accorderait toujours la préférence au second acquéreur, alors même qu'au moment de la transcription, le premier ait possédé l'immeuble depuis trente ans, avec toutes les conditions requises pour prescrire, et ne tendrait, par suite, à rien moins qu'à détruire la théorie de l'usucapion trentenaire. Cette conséquence est trop radicale, trop en opposition avec l'intention des rédacteurs de la loi pour pouvoir être admise. Nous croyons donc que la règle édictée par l'art. 3 cessera d'être applicable en présence d'un droit de propriété reposant sur une prescription trentenaire.

La prescription de dix à vingt ans produit-elle le même effet ? Un premier acquéreur achète un immeuble *a non domino*, croyant l'acheter du véritable propriétaire, et ne transcrit pas son titre. Dix à vingt ans après, suivant les cas, le véritable propriétaire vend ce même immeuble à un autre acquéreur qui transcrit. Celui-ci peut-il se prévaloir à l'encontre du premier du défaut de transcription ?

La question revient à celle de savoir si la vente consentie au premier acheteur est, quoique non transcrite, un juste titre pouvant servir de base à la prescription ; si oui, il l'emportera sur le second, si non, il lui sera au contraire sacrifié.

Nous ne croyons pas que la transcription soit nécessaire pour que le bénéfice de la prescription soit acquis et puisse être invoqué par le possesseur. La transcription, en effet, est une formalité n'ajoutant rien à la valeur de l'acte en lui-même. D'ailleurs, à quoi servirait-elle dans l'espèce ? Son but est de porter des mutations immobilières à la connaissance des tiers. Or, il ne s'en est pas produit, puisque le véritable propriétaire est resté saisi. Le titre d'acquisition du possesseur de dix à vingt ans est, non pas la vente, mais la prescription.

POSITIONS

DROIT ROMAIN

I La fidéjussion contractée *in duriorem cau-*
sam que l'obligation principale n'était pas
nulle, mais seulement réductible.

II La règle : « *Dies interpellat pro homine* »
n'existait pas en Droit romain.

III Sous le système formulaire, la *Litis con-*
testatio ne constituait pas une véritable
novation.

IV Le défendeur absous injustement demeurait
tenu d'une obligation naturelle.

ANCIEN DROIT

I Les Francs s'établirent dans la Gaule
comme conquérants et non comme alliés
des Romains, mais ils respectèrent les institutions de ces derniers.

17

II Les Editions de la loi salique qui contien-
nent des gloses malbergiques sont antérieures aux éditions non glosées.

III La saisine tire son origine du Droit germanique.

IV La réintégrande n'est pas une vraie action
possessoire.

DROIT CIVIL

I Le nu-propriétaire doit à l'usufruitier qui
a fait des constructions sur le terrain dont
il avait la jouissance une indemnité à la
cessation de l'usufruit.

II Les donations de servitudes et autres services fonciers sont soumises à la transcription des art. 939 et suivants.

III La donation entre époux déguisée sous la
forme d'un contrat à titre onéreux est
nulle d'une nullité absolue.

IV L'art. 1442 n'est pas applicable au régime
dotal, quant à la déchéance de l'usufruitier
pour défaut d'inventaire.

V L'hypothèque de la femme mariée sous le
régime dotal, pour le remploi de ses immeubles aliénés conformément à une clause
du contrat de mariage qui les déclare alié-
nables, date du jour de l'aliénation.

PROCÉDURE CIVILE

I L'opposition n'annule pas les jugements;
elle ne fait qu'en suspendre les effets.

II L'adjudication sur expropriation forcée
n'est pas un véritable jugement, mais un
acte de juridiction gracieuse.

III La surenchère n'est pas admissible après
une adjudication sur folle-enchère.

DROIT COMMERCIAL

I En l'absence de tout préjudice, le simple
retard ne soumet pas le voiturier au paiement d'une indemnité.

II Quand la cause de l'abordage est incer-

taine, le dommage souffert par les marchandises reste à la charge de la cargaison
comme avarie particulière.

III Quoique le jet n'ait pas sauvé le navire, la
contribution devra être admise, s'il a été
secouru et sauvé par un navire remor-
queur.

DROIT CRIMINEL

I L'homicide exécuté, même sur l'ordre de la
victime, est puni par la loi.

II Lorsqu'un individu accusé de bigamie oppose la nullité de l'un des mariages con-
tractés par lui, la Cour d'assises est compétente pour statuer sur cette nullité.

III L'héritier peut intenter l'action en diffa-
mation pour venger la mémoire de son
auteur injurié.

DROIT ADMINISTRATIF

I Les chemins ruraux ne font pas partie du
domaine public communal.

II Les jugements d'expropriation pour cause
d'utilité publique ne rentrent pas sous l'application de la loi du 23 mars 1855, et
continuent à être régis, en ce qui concerne
la transcription et ses effets, par la loi du
3 mai 1841.

III Les communes sont responsables des dommages commis sur leur territoire par des
attroupements armés ou non armés, sans
qu'il y ait lieu de distinguer entre les causes qui les ont produits.

DROIT DES GENS

I Le domicile des ambassadeurs est, en principe, un lieu d'asile, en ce sens que la
police ne peut s'y introduire sans le consentement de l'ambassadeur.

II L'extradition n'est jamais obligatoire en
l'absence d'un traité.

III Le droit d'intervention est légitime en
principe.

ECONOMIE POLITIQUE

I La propriété individuelle est à la fois
nécessaire et légitime.

II L'hérédité est juste : elle ne s'exerce aux
dépens de personne, et elle profite à
tous.

III Le faire-valoir direct est meilleur que le
métayage et le fermage.

Vu par le Président de la Thèse,
A. DELOUME

Vu par le Doyen,
H. BONFILS.

Toulouse, le 5 août 1882.

Vu et permis d'imprimer :
Le Recteur de l'Académie,
Cl. PERROUD

Cette Thèse sera soutenue en séance publique,
dans une des salles de la Faculté de Droit de Toulouse.

« Les visas exigés par les règlements sont une garantie des princi-
« pes et des opinions relatifs à la religion, à l'ordre public et aux
« bonnes mœurs (Statut du 9 avril 1825, article 11), mais non des
« opinions purement juridiques, dont la responsabilité est laissée
« aux candidats.
« Le candidat répondra, en outre, aux questions qui lui seront
« faites sur les autres matières de l'enseignement. »

TABLE DES MATIÈRES

DROIT ROMAIN

Deuxième Partie.

Toulouse, Imp. Tardieu, rue du May, 1.

ERRATA

Page 13, ligne 9 : *Rei venditæ (vel donatæ) et traditæ ;* *ajoutez* : dont l'application fut absolue.

Page 14, ligne 17 : Ces droits de disposer ; *lisez* : les droits de disposer.

Même page, ligne 23 : Quand ils sont exercés par un tiers possesseur ; *lisez* : contre un tiers possesseur.

Page 61, ligne 2 : La Const. 2, Code 9, 10 ; *lisez* : la Const. 2, Code 7, 10.

Page 66, ligne 1 : La libre administration de ses biens ; *ajoutez* : vendant et livrant un de ces biens.

Page 81, ligne 7 : Ou manifestation ; *ajoutez* : de volonté.

Page 84, ligne 7 : En matière de donations ; *ajoutez* : entre époux.

Page 146, ligne 10 : Aux dispositions du chapitre VIII ; *ajoutez* : titre XVIII.

Page 160, ligne 8 : Au possesseur ; *lisez* : au preneur.

Page 171, ligne 3 : Par la convention et les limites légales ; *lisez* : par la convention et dans les limites légales.

Page 194, ligne 28 : Cass. 6 mai 1832 ; *lisez* : Cass. 6 novembre 1832.

Page 218, ligne 7 : Cette revendication ; *lisez* : cette renonciation.

Même page, ligne 10 : Mais non en un transfert de propriété ; *ajoutez* : qui exigerait chez le renonçant la qualité de propriétaire.

Page 222, ligne 4 : Et comme, d'autre part, la formalité est d'une importance capitale ; *lisez* : et comme, d'autre part, la date de la formalité.

Page 228, ligne 13 : On ne peut les rendre responsables de l'accomplissement de la transcription ; *lisez* : on ne peut les rendre responsables de l'inaccomplissement de la transcription.

Page 230, ligne 11 : De l'immeuble transcrit ; *lisez* : de l'immeuble transmis.

Page 251, ligne 9 : Si on supprime l'art. 685 ; *lisez* : si on supprime l'art. 686.

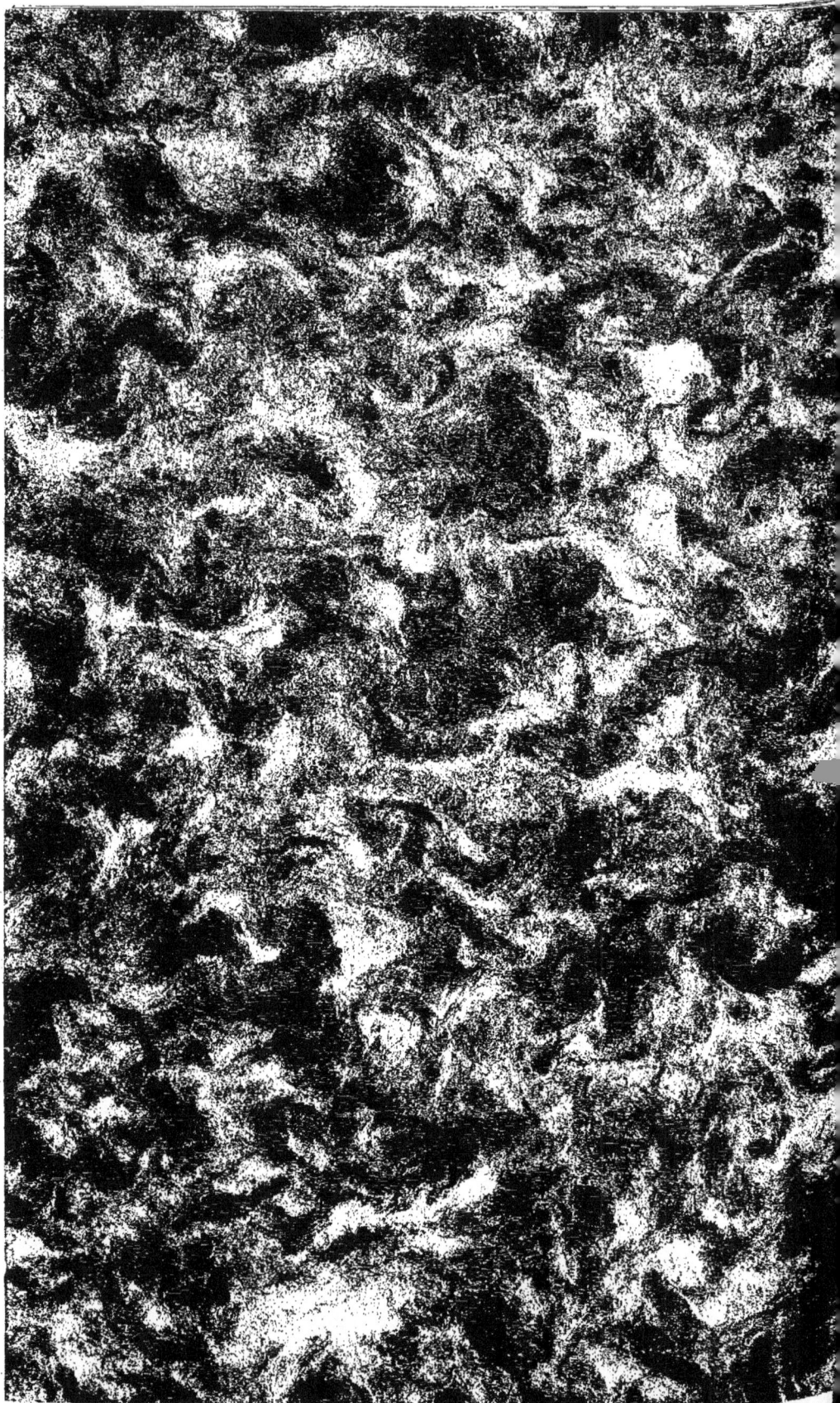

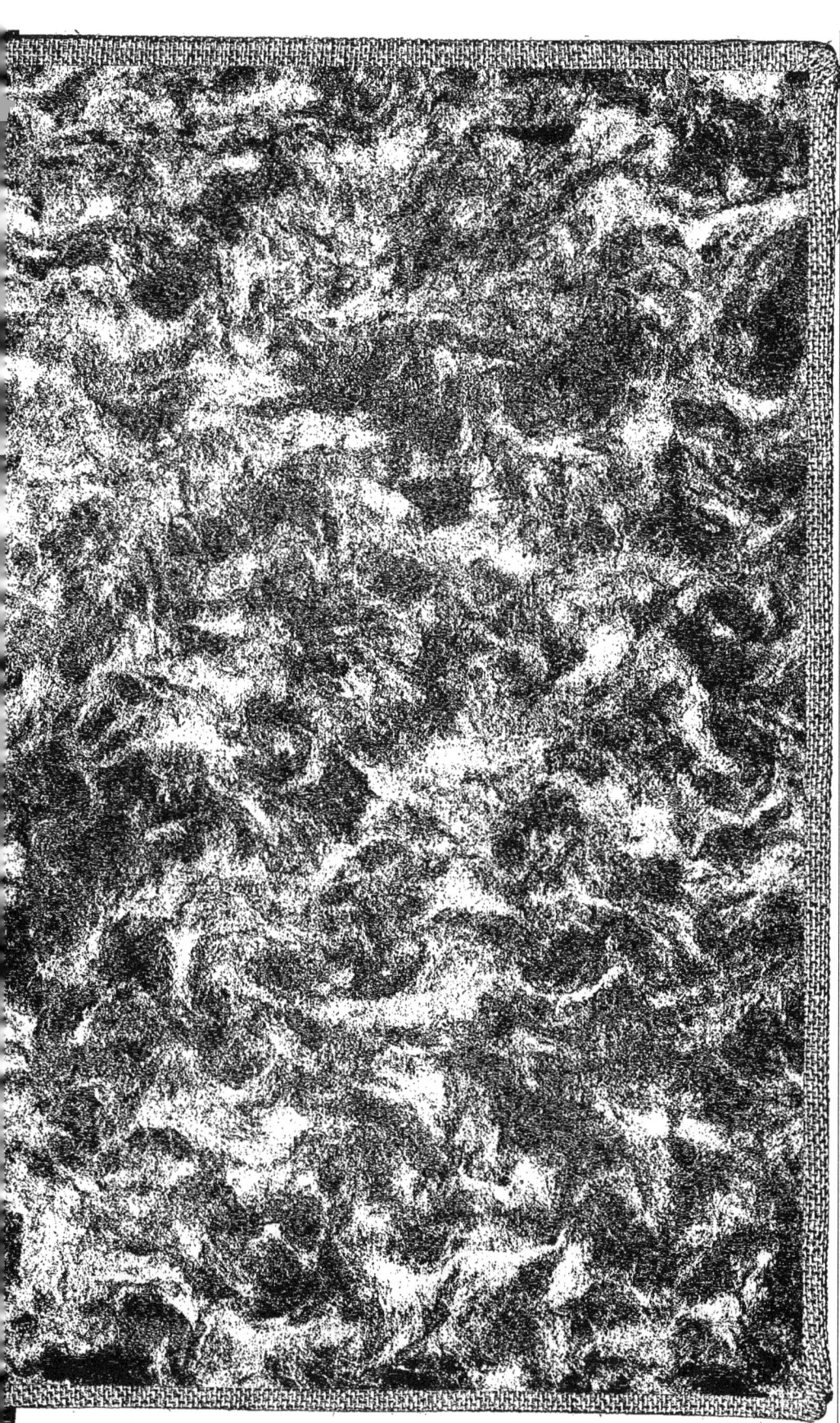